HEYNE<

SABINE REICHEL, in Hamburg geboren und aufgewachsen, lebte Jahrzehnte als Designerin, Autorin und Journalistin in New York und Los Angeles. Sie schrieb Filmscripts, Artikel und Bücher in Englisch und Deutsch mit Schwerpunkt Frauen, Film und Lifestyle. Heute lebt sie als freie Autorin und Übersetzerin wieder in Hamburg und schreibt u. a. für *Brigitte Woman* und die *Berliner Zeitung*. Sie hat ein Faible für Studien, ein Herz für Tiere und liebt es, Widersprüchlichkeiten zu ergründen, anstatt sie zu beseitigen.

Sabine Reichel

Warum Männer, die staubsaugen, mehr Sex haben

Das verrückte Buch der Studien und Statistiken

WILHELM HEYNE VERLAG
MÜNCHEN

Verlagsgruppe Random House FSC-DEU-0100
Das für dieses Buch verwendete FSC®-zertifizierte Papier
Holmen Book Cream liefert Holmen Paper, Hallstavik, Schweden.

2. Auflage
Originalausgabe 12/2010

© 2010 by Wilhelm Heyne Verlag, München,
in der Verlagsgruppe Random House GmbH
Redaktion: Vera Serafin
Umschlaggestaltung: Nele Schütz Design, München
Satz: Buch-Werkstatt GmbH, Bad Aibling
Druck und Bindung: GGP Media GmbH, Pößneck
Printed in Germany 2011
ISBN: 978-3-453-60172-7

www.heyne.de

Inhalt

Vorab 7

Die Frau, das unbekannte Wesen 14

Der Mann im Wandel der Zeiten 31

Männer & Frauen – Duell oder Duett? 42

Sex und sonst gar nichts 79

Glückssucher 92

Gesundheit! – Fitnesswahn und Fettmacher ... 101

Jung, schön und sexy bis ins Grab 123

Was Mütter so machen 134

Affen sind doch die besseren Menschen –
das wunderbare Reich der Tierstudien 148

Modern Life – der Mensch und seine Macken... 167

Business as usual – die Welt der Arbeit 206

Vorab

Die Welt ist im Studienfieber. Die Vermessung des Menschen und seiner Umwelt gehört inzwischen zu uns wie die Luft zum Atmen. Wir sind eine Entdeckergesellschaft mit einer außerordentlichen Vorliebe für den Seelen-Striptease. Tag für Tag werden neue Studien, Umfragen und Statistiken veröffentlicht und prasseln auf uns ein. Manche verblüffen, andere amüsieren, regen auf oder zum Nachdenken an, sind kaum fassbar oder klingen schlicht und einfach unglaubwürdig. Und was die eine Studie beweist, wird von der anderen widerlegt. Kein Phänomen, das den eifrigen Forschern, Soziologen, Psychologen und Wissenschaftlern entgeht. Und auch mir nicht, denn ich habe ein schmutziges kleines Geheimnis und eine große Leidenschaft: Ich bin Studienleserin (dicht gefolgt von Todesanzeigen)! Ich weiß alles: dass Tiere tatsächlich Bedauern über ihr »falsches« Benehmen empfinden können, dass Männer, die staubsaugen, mehr Sex haben, aber nur zwei Prozent von ihnen unbequeme Schuhe tragen – im Gegensatz zu 60 Prozent der Frauen. Ich weiß auch, dass 90 Prozent aller amerikanischen Banknoten Kokainspuren aufweisen und dass 57 Prozent der Twitter- und Facebook-Nutzer Frauen sind und nur 43 Prozent Männer. Und leider, leider weiß ich – ich selbst bin auch davon betroffen –, dass viele Kinder, die früher sehr viel genascht haben, zu gewaltbereiten Erwachsenen heranwachsen. Vom Lolli zur Knarre sozusagen. Ich muss also auf der Hut sein ...

Aber warum lieben wir nun Studien, Meinungsumfragen und Statistiken? Aus Neugierde, na klar. Lust auf Klatsch, auch Sensationsgier, getarnt als Wissensdurst. Die Sucht nach Vergleichen. Wie lebt mein Nachbar? Was denken Männer – oder Frauen? Aber vor allem natürlich beschäftigt uns die Frage: *Wer bin ICH?* Denn die Sehnsucht nach Selbsterkenntnis und Erleuchtung spielt eine entscheidende Rolle in unserem Leben. Wir wollen uns selbst ergründen – das Mysterium Mensch, das größte Geheimnis von allen. Wir wollen uns verstehen, in all unserer verrückten, widersprüchlichen Natur mit ihren irrationalen, nicht vorausschaubaren Handlungen, mit unseren Ängsten und Hoffnungen, bestimmt von Evolution, Genen, Charakter und sozialem Umfeld. Wir lesen gerne über uns im Besonderen und die Menschheit im Allgemeinen. Über Leid, Glück, Skandale, Tragik, Pech – am liebsten aber über das Glück und den dornigen Weg dorthin. Denn wir lieben Siege, Triumphe und Happy Ends – und halten uns an nichts so sehr wie an das Prinzip Hoffnung. Alles durch Studien belegt!

Die Entstehung der professionellen Neugier

Während die Engländer schon im 19. Jahrhundert fleißig Studien entwickelten, brach das Studien- und Meinungsfieber in Deutschland erstmals in den 50er Jahren des letzten Jahrhunderts aus. »Umfragen« lautete das Zauberwort. Das Land war nach dem Zweiten Weltkrieg vollkommen neu aufgebaut worden, die Deutschen lebten also in einer Gesellschaft, die für sie noch Neuland war. Das berühmte Institut für Demoskopie Allensbach, 1947 von Elisabeth Noelle-Neumann gegründet, steckte seine Nase in alles, was die Nachkriegsdeutschen so bewegte: Politik, Familie, Wirtschaft, Ehe.

Heute sind die Amerikaner die Studienkönige. Aus den USA kamen und kommen die meisten und interessantesten Studien (sie stecken auch das meiste Geld hinein), egal, auf welchem Gebiet. »*Amerikanische Wissenschaftler haben herausgefunden, dass ...*« Vielleicht liegt es daran, dass Amerika ein vergleichsweise junges, ein Pionierland ist, was seinen Forschungsdrang noch verstärkt. Die Amerikaner untersuchen alles, auch weil sie unnachgiebig an den Fortschritt glauben, nach Glück streben und ständig Erfolge vorweisen müssen – alles andere gilt als »unamerikanisch«. Und wenn man die Gründe für die Entwicklung einer Gesellschaft erkennt, kann man diese steuern und verbessern. So gesehen, führt der Wunsch nach Kontrolle und Perfektion zu verstärktem Studienzwang. Gilt das nun auch für Deutschland?

Das Leben als Studie

Wenn man so will, ist das Leben ja selbst eine Studie, mit uns als Forschungsobjekten und Teilnehmern. Auch ohne Befragungsinstitute und wissenschaftliche Untersuchungen analysieren, reflektieren, vergleichen, hoffen, verdammen und verdrängen wir. Werden vom Schicksal umgehauen und rappeln uns – statistisch gesehen – häufig auch wieder auf. Am glücklichsten sind wir, wenn wir unter 25 sind, mit Ausnahme der Selbstmordkandidaten natürlich, die sich meistens in dieser Altersspanne befinden und zu 71 Prozent männlich sind, fühlen uns aber noch glücklicher, wenn wir über 65 sind – das behaupten jedenfalls die Studien. Dies allerdings nur, wenn wir nicht alleine sind. Letzteres gilt jedoch nur für Männer, denn Frauen fühlen sich gerade dann glücklich, *wenn sie alleine sind*. Weil sie einen Teil von sich selber gefunden oder zurückerobert haben, nehme ich an, und so den Duft der Freiheit schnuppern. Halt! Nein. Eine brandneue amerikanische Studie, die gerade starken Protest bei Frauen auslöst – und zynische Kommentare von Männern, die lauthals »Wussten wir doch« tönen –, will erkannt haben, dass der alte Sündenbock, der Feminismus der späten 60er und frühen 70er Jahre, die Frauen unzufriedener denn je gemacht hat. Obwohl sie alles haben, sind sie kreuzunglücklich, egal, ob sie jung oder alt, reich oder arm sind, ob sie Kinder haben oder nicht. Hier stimmt doch etwas nicht, oder?

Studien und Umfragen können sehr wirkungsvoll sein. Sie können aufrütteln (z. B. bei dem Thema Kinderarmut in Deutschland), empören (so wie die schändliche Tatsache, dass Frauen immer noch bis zu 30 Prozent weniger verdienen als Männer), provozieren oder endlos amüsieren. Manchmal werden Studien zu Klassikern und bleiben für immer im Gedächtnis haften, wie ein altes Sprichwort oder der Geruch des ersten Parfums. Fast jede Frau über 50 erinnert sich an die komische amerikanische Studie, die behauptet, dass eine Frau um die 40 eher von einem herunterfallenden Ziegelstein auf der Straße tödlich getroffen wird (oder war es von einem Terroristen gekidnappt zu werden?), als einen Ehemann zu finden!

Etliche dieser Studien sind im Grunde schöne, positive Geschichten, die wir sehr gerne lesen, weil sie uns Hoffnung schenken. Wir sind erleichtert, dass menschliche Eigenschaften wie Mitgefühl, Respekt, Loyalität, Treue, Beschützerinstinkte oder selbstlose Liebe immer noch weit verbreitet sind – doch Verzeihung, das waren ja die Tierstudien …

Denn es gibt leider auch einige Studienergebnisse, die uns die Illusion von einer zivilisierten Menschheit rauben, diejenigen, die für die Existenz von Betrug, Denunziation, Neid und Schadenfreude sprechen – von Rassismus und Chauvinismus ganz zu schweigen. Auch die Seele leidet. Noch nie gab es so viele Untersuchungen wie heute, die sich mit den immer häufiger auftretenden Depressionen beschäftigen. Allein in Deutschland leiden 20 Prozent der Bevölkerung einmal im Leben unter einer Depression. Übrigens: Über 80 Prozent der bipolaren Menschen sind Raucher!

Ich entscheide, was wahr ist

Studien und Umfragen sind meinungsbildend, doch wir basteln uns auch gerne unser eigenes Weltbild. Da können noch so hoch qualifizierte Wissenschaftler begründete Behauptungen aufstellen, wir erlauben uns trotzdem, den Sachverhalt anzuzweifeln – und es besser zu wissen. Denn wir sind schließlich nicht blöd: Wir leben, leiden und lieben ja selbst, sind Eltern, Partner, Freunde, Geschwister, Tanten, Onkel und Großeltern, Vorgesetzte und Angestellte, und beobachten unser und anderer Leute Leben sehr aufmerksam.

Hier eine meiner kleinen privaten Studien, und zwar eine, die nicht unbedingt auf Umfragen basiert, sondern auf gesundem Menschenverstand und ganz viel Hoffnung:

Aufgrund von bisherigen Studien über das Leseverhalten und Interesse an Büchern, die Auskunft über die wichtigsten Fragen des Lebens geben, müsste dieses Buch von zirka 1,2 Millionen Deutschen zwischen 29 und 79 Jahren gekauft werden. Darunter 54 Prozent Männer und 46 Prozent Frauen, was verwundert, denn normalerweise lesen Frauen im Schnitt 26 Prozent mehr als Männer. Von den Lesern werden nur acht Prozent einen Migrationshintergrund haben, 70 Prozent wechseln täglich die Unterwäsche, 82 Prozent benutzen ein Deodorant und 64 Prozent der 29- bis 49-Jährigen haben zweimal die Woche Sex, was für 97 Prozent der Männer nicht genug ist, während 67 Prozent der Frauen lieber kuscheln würden. 80 Prozent werden das Buch tatsächlich lesen, 79 Prozent werden davon begeistert sein, 68 Prozent werden es als Geschenk verwenden, 54 Prozent werden es bei gesellschaftlichen Treffen als amüsante Einlage und bei Auseinandersetzungen mit uneinsichtigen Partnern zur Beweisführung benutzen, acht Prozent werden es nie zu Ende lesen. Die Autorin wird trotzdem sehr glücklich sein, denn obwohl nur 38 Prozent der Menschen sagen, dass Geld glücklich macht, gehört sie dazu. Denn nur zirka drei Prozent aller freiberuflichen Schriftsteller können normalerweise von ihren Einnahmen leben.

Die Frau, das unbekannte Wesen

Im Moment scheinen Frauen die interessantesten Wesen auf dem Planeten zu sein. Das liegt wahrscheinlich daran, dass sie in den letzten 50 Jahren mehr oder weniger von allen Studien ausgeschlossen waren. Wirklich! Egal, ob es sich um Studien über Gesundheit, Sexualität oder Beruf handelte, sie wurden fast ausschließlich mit Männern durchgeführt. Dies hatte den einfachen Grund, dass Frauen nicht »wichtig« genug waren, denn ihre Rolle war klar definiert: Sie waren Hausfrauen und Mütter, nichts »Geheimnisvolles« oder »Eigenes«, und da gab es eben auch nichts zu untersuchen und zu beleuchten. Seit ein paar Jahren existiert nun aber geradezu ein Studien-Overkill, denn der Nachholbedarf ist immens. Die Frau wird als neues, bedeutendes Wunderwesen durchleuchtet, seziert und analysiert. Man will in allen Lebensbereichen alles über sie wissen: Job, Familie, Sexualität, Gesundheit, Schönheit, und natürlich auch, was ihre Beziehungen zu Männern betrifft. Da tritt dann ziemlich Überraschendes zu Tage, Banales, Fatales, Trauriges, Bewundernswertes und auch Inspirierendes. Am auffallendsten aber sind die Widersprüche in den Untersuchungen. Fangen wir doch gleich mit dem neuesten Schocker an.

Wunschlos unglücklich

Frauen sind unglücklicher denn je – und das nach so vielen positiven Veränderungen in ihrem Leben! Das behauptet jedenfalls eine vor kurzem veröffentlichte amerikanische Studie, die das Leben von Frauen zwischen 1972 und 2006 beleuchtet. Und wer ist angeblich schuld an der Misere? Der Feminismus der späten 60er und frühen 70er Jahre! Er hat den renitent gewordenen Frauen ein bisschen zuviel Freiheit geschenkt – so könnte man jedenfalls die äußerst umstrittenen Ergebnisse deuten. Das »weibliche Unglück« betrifft alle Frauen, alte und junge, Karrierefrauen, Singles, Ehefrauen, Mütter, Nichtmütter, Geschiedene, Akademikerinnen und ungelernte Arbeiterinnen. Und noch eine schockierende Entdeckung: Anscheinend machen weder Kinder noch Heirat Frauen glücklich. Was nun wieder nicht passt, ist, dass die Selbstmordrate, einer der Gradmesser für das Unglücklichsein, bei Frauen zurückgegangen ist, obwohl angeblich mehr Frauen unter Depressionen leiden. Männer jagen sich weiterhin öfter eine Kugel in den Kopf – vor lauter Unglück. Dafür lesen Frauen – vor lauter Unglück? – immer mehr romantischen Schund und essen mehr Eiscreme.

Ich shoppe, also bin ich

Wie es den Anschein hat, sind Frauen nicht nur Sammlerinnen, sondern auch klassische Jägerinnen. Immer auf der Jagd nach neuen Produkten und gar nicht so sehr nach Männern. Ein Frauenleben in Zahlen kann ziemlich deprimierend sein. So fand eine amerikanische Studie mit 20 000 Frauen heraus, dass eine Frau durchschnittlich acht von 63 Jahren mit Einkaufen verbringt. Dabei geht es natürlich nicht nur um schickes Shopping, sondern dazu zählt auch das Einkaufen von Lebensmitteln, Haushaltsgegenständen und allem, was die Familie so braucht. Trotzdem entfallen dabei im Jahr um die 100 Stunden auf die Anschaffung von Kleidung, 40 Stunden auf Schuhe und 29 Stunden auf Accessoires und Handtaschen. Und wo wir gerade bei den Handtaschen sind …

Nicht ohne meine Handtasche

Frauen verbringen 76 Tage ihres Lebens mit dem Wühlen in der Handtasche. Das ergab die Auswertung von 150 Taschenberichten aus 17 Ländern. Kein Wunder, denn was Frauen tagtäglich alles so mit sich herumschleppen, gleicht einem Allroundprogramm fürs Leben. »Die Tasche dient als Transportvehikel, Notfallkoffer und Finanzcenter«, erklärt Psychologin Dr. Ute Rademacher. Frauen und Handtaschen im Wandel der Zeiten – ein altes Thema. Wohl noch nie zuvor waren die »Frauenbegleiter« so groß wie die heutigen Handtaschen. Kleopatra besaß noch nicht einmal eine Clutch-Bag (das sind die kleinen henkellosen Dinger, die man sich unter den Arm klemmt), und die Wirtschaftswundermutti kam (neben dem Einkaufsnetz) mit dem Henkel-Handtäschchen aus. Heute besitzen wir meist ein ganzes Handtaschenarsenal. Und beim Einkaufsbummel nach der Arbeit muss es mindestens die XL-Beuteltasche von Gucci oder Prada sein.

Treue Kundin? Von wegen!

Frauen sind treu wie Gold und lieben Bewährtes – auch beim Einkaufen, wenigstens glauben das viele. Weit gefehlt! Eine amerikanische Studie im *Journal of Marketing* fand heraus, dass Frauen (im Gegensatz zu Männern) je nach Stimmung einkaufen gehen. Nur wenn es um individuelle Serviceleistungen mit persönlichen Kontakten geht, wie beim Friseur oder dem Nagelstudio, sind sie meist treu. Und wer flüstert ihnen die Stimmungen ein? Richtig! Es sind die Hormone!

Wenn die Hormone shoppen gehen

Wenn das die Männer wüssten! Sie überließen der Liebsten ihre Kreditkarte an bestimmten Tagen zur freien Verfügung. Neue Studien der Carlson School of Management der Universität von Minnesota fanden heraus, dass Frauen kurz vor dem Eisprung unbewusst häufiger sexy

Kleidung und Kosmetik kaufen als sonst. Allerdings tun sie das nicht, um ihre Männer zu verführen, sondern um ihre Rivalinnen auszustechen. Dieser Trend verstärkt sich sogar, wenn ihnen vorher Fotos von attraktiven Frauen gezeigt wurden. Der Grund dafür ist wieder die urzeitlich programmierte Arterhaltung. An den fruchtbaren Tagen wollen Frauen die potenzielle Schwangerschaftskonkurrenz mit geschickt in Szene gesetztem Busen, Bein und Po aus dem Feld schlagen. Hoffentlich kriegt die Bekleidungsindustrie nichts davon mit, sonst ist zu befürchten, dass clevere Marketingfirmen bald auch diese Information ausnutzen.

Mehr Bildung, mehr Geld

Eine gute Ausbildung ist in jedem Fall ein Ticket zum beruflichen Aufstieg und damit auch zu einem höheren Gehalt. Frauen haben in der Bildung rasant aufgeholt: Im Schnitt sind heute 54 Prozent der Abiturienten weiblich. 1970 lag ihr Anteil in Westdeutschland noch bei zirka 39 Prozent. Auch der Titel der Professorin wird heute öfter denn je verliehen. 2008 erhielten ihn 17,4 Prozent (im Jahre 2000 waren es nur 10,5 Prozent). Frauen verdienen also mehr als noch vor einigen Jahren, schade nur, dass in Sachen Geld trotzdem noch lange keine Gleichberechtigung herrscht.

Viel Arbeit, weniger Geld

Es bleibt ein Skandal: Für die gleiche Arbeit erhalten Frauen im Schnitt ein Fünftel weniger Lohn als ihre männlichen Kollegen. Der Lohnabstand zwischen Männern und Frauen in Deutschland beträgt 23,2 Prozent. Eine Versicherungskauffrau verdient bei gleicher Qualifikation bis zu 27 Prozent, eine Köchin bis zu 19 Prozent weniger als ein Mann. Es ist die alte Geschichte: Frauen arbeiten ohnehin in allgemein schlechter bezahlten Jobs. Zum Beispiel als Reinigungskraft, Bürokauffrau, Verkäuferin ... Es gibt 87 Berufsgruppen, doch 50 Prozent der Frauen sind in lediglich fünf davon tätig. Hierbei handelt es sich um Ergebnisse einer Onlinebefragung des Wirtschafts- und Sozialwissenschaftlichen Instituts (WSI), an der sich rund 68 000 Beschäftigte aus über 130 Berufen beteiligten. Deutschland nimmt einen traurigen Spitzenplatz ein, denn hier ist das Lohngefälle zwischen den Geschlechtern, verglichen mit anderen EU-Ländern, am größten, gefolgt von Zypern und der Slowakei. Verdient unsere Angela eigentlich auch weniger als ihre männlichen Vorgänger?

Echt gemein!

Früh übt sich ... Warum sollte es beim Taschengeld weniger sexistisch zugehen als beim Gehalt? Zwischen neun und 14 Jahren bekommen Jungen in Deutschland durchschnittlich 19,08 Euro im Monat, gleichaltrige Mädchen dagegen nur 16,13 Euro. Das ergab eine Untersuchung bundesweiter Landesbausparkassen. Im Saarland gibt es das höchste Taschengeld, in Sachsen das niedrigste. Etwa 61 Prozent der Kinder verdienen sich etwas dazu. Und auch da bleibt alles beim Alten: Mädchen lieben Babysitten, Jungen bevorzugen Rasenmähen.

Die kleine Haus-Diktatorin

In den eigenen vier Wänden setzen sich dagegen die Frauen durch, da sind sie die Expertinnen, die den Ton angeben. In deutschen Familien haben die Frauen das Sagen. 40 Prozent der Befragten gaben in einer Forsa-Umfrage an, dass die Ehefrau, Freundin oder Mutter als Chefin der Familie gilt und dass ihre Meinung und Entscheidung wichtig sind. Lediglich 32 Prozent sahen die Hauptverantwortung beim Mann. In nur sieben Prozent der Haushalte sind die Aufgaben gleichwertig verteilt. Überrascht uns das?

Down-Dating

Das Märchen von der einsamen, frustrierten Single-Frau, die zu schwierig, zu intelligent, zu erfolgreich *und* zu arrogant für den einfachen Mr. Nice Guy ist, kann man getrost vergessen. Denn Frauen mit einem höheren Bildungsniveau heiraten immer häufiger Männer, die weniger auf dem Kasten haben als sie selbst, also den netten Doofkopp.

Ist es denn so schwer, intelligente Männer zu finden? Studien des amerikanischen Pew Research Centers ergaben, dass nur 19 Prozent der Frauen über ein niedrigeres Bildungsniveau verfügen als ihr Ehemann. Zugleich sind 29 Prozent der Göttergatten weniger gut ausgebildet als ihr weibliches Pendant.

Sugar-Mamis

Da viele Frauen mehr denn je verdienen (selbst wenn bei gleicher Arbeit noch lange keine Lohngleichheit zwischen den Geschlechtern herrscht), entdeckte die gleiche Studie ein angeblich neues Phänomen. Der Sugar-Daddy, der als oller reicher Knilch bei jungen Abstauberinnen so beliebt war, hat Konkurrenz von der Sugar-Mom bekommen. Wieder keine Spur von Gleichberechtigung, denn nun ist es die besser verdienende Ehefrau, die den Loser durchfüttert und daher über ihn bestimmt. Falsch, widerspricht ein Soziologe der Johns Hopkins University, es gibt eine historische Veränderung in der Familie. Männer und Frauen legen ihr Gehalt zusammen, um gemeinsam das Leben zu führen, das sie sich wünschen. Dabei spielt es keine Rolle, wer von beiden mehr verdient.

Berechnend

Frauen lassen sich leicht manipulieren und geben zu viel auf Gerede. Wurde ihnen etwa im Rahmen von Untersuchungen suggeriert, an einer genetisch bedingten Matheschwäche zu leiden, lösten die Frauen die Rechenaufgaben tatsächlich schlechter. Diejenigen, denen dieses Vorurteil vorher nicht eingebläut wurde, bewältigten die Aufgaben dagegen problemlos.

Trotzdem haben laut einer Forsa-Studie immer noch mehr Mädchen als Jungen riesigen Bammel vor den Klassenarbeiten in Mathematik.

Auf Nummer Sicher

Rechnen können Frauen trotzdem, vor allem dann, wenn es darum geht, eine sichere Entscheidung zu treffen. Die Risikobereitschaft von Männern steigt bekanntlich mit deren Testosteronspiegel. Bei Frauen stimmt das so nicht, haben Wissenschaftler der Stockholm School of Economics gezeigt, zumindest nicht in Gelddingen. Die Damen erhielten für die Studie eine entsprechende Testosteron-Hormontherapie, entschieden sich aber dennoch für sichere Aktien, anstatt ein finanzielles Risiko einzugehen.

Frauentränen, Männertränen

Laut einer Befragung von 5000 Männern und Frauen aus 30 Ländern weint eine Frau im Schnitt einmal pro Woche, Männer dagegen nur einmal im Monat. Dies müssen sie dann aber wohl heimlich tun, denn so viele schluchzende Herren kennt man ja eigentlich nicht. Ach doch, Sportler bekennen sich zu ihren Tränen, wenn sie auf dem Podest stehen und eine Goldmedaille empfangen – oder einen Fußballpokal!

Schwierige Schwestern

Frauen spricht man im Allgemeinen weitaus bessere soziale Fähigkeiten als Männern zu, etwa in puncto Anpassung, Verständnis und Mitgefühl. Nun wird dieses Bild jedoch getrübt. Das Fachmagazin *Psychological Science* berichtet über die Ergebnisse kanadischer und amerikanischer Forscher, nach denen Frauen dem eigenen Geschlecht gegenüber ausgesprochen intolerant sind. Dagegen scheint Toleranz für Männer untereinander, entgegen ihrem Ruf als Sturköpfe, einen hohen Stellenwert zu besitzen. In drei Studien wurden männliche und weibliche Studenten über das Verhältnis zu ihren gleichgeschlechtlichen Zimmerkameraden befragt. Die Männer äußerten sich durchweg toleranter über die kleinen Ticks und Fehler ihrer Mitbewohner als die Frauen über die Macken ihrer Geschlechtsgenossinnen. Letztere stellten nicht nur höhere Ansprüche an ihresgleichen, sondern wechselten im Durchschnitt auch häufiger ihre Mitbewohnerinnen. Ebenso verurteilten Frauen in einem Test die Verfehlung einer Freundin sehr viel strenger als die befragten Männer. Es hat den Anschein, als steckten Frauen Verletzungen durch Geschlechtsgenossinnen weniger gut weg und würden negativen Informationen über diese möglicherweise mehr Gewicht beimessen. Das liegt vermutlich daran, dass sie die Identifikation mit ihresgleichen und die Vertrautheit mit anderen Frauen stören. Trotzdem legen sie durchaus Wert auf die Meinung ihrer Mitschwestern und messen ihr auch eine hohe Bedeutung bei.

Freundinnen – die beste Medizin

Freundinnen haben einen größeren Einfluss auf das Wohlbefinden von Frauen als deren Ehemänner oder Partner, wie amerikanische Gehirnforscher feststellten. Auch wenn andere Studien vermitteln, dass nichts und niemand verletzender, hinterhältiger und gemeiner sein kann als Frauen untereinander, sowohl privat als auch im Beruf, so widerspricht das anscheinend nicht dem wohltuenden Gefühl, sich von einer loyalen Freundin verstanden zu wissen.

Quasselstrippen

Laut einer Studie des Telefon- und Internetanbieters Arcor dauern 64 Prozent der Telefonate, die Frauen mit ihren Freundinnen führen, länger als 30 Minuten. Von den Männern hingegen telefonierten gerade mal 32 Prozent länger als eine halbe Stunde.

Ein bisschen Abba, ein bisschen Ikea ...

Was Frauen *wirklich* wollen? Schwedisch sein! Das behauptet zumindest Michael Silverstein, der seit 30 Jahren die weibliche Seele für die Boston Consulting Group studiert. Danach ist Schweden der beste Platz der Welt für Frauen, denn dort gibt es ausreichend Angebote zur Kinderbetreuung, emanzipierte Männer und keine geschlechterbedingte Benachteiligung. Alles wird angeblich gerecht geteilt, der Haushalt, das Gehalt ... Also, ab nach Schweden. Denn dort wohnt man nicht, dort lebt man schon.

Unglücklich in New York

Ganz anders New York. Nur 17 Prozent der New Yorkerinnen bezeichnen sich laut der Boston Consulting Group als »sehr zufrieden« mit ihrem Sexleben. Im Gegensatz zu 20 Prozent der restlichen Amerikanerinnen. Frauen im sündhaft teuren New York haben große Probleme, mit ihrem allzu kleinen Geldbeutel und ihrer knappen Zeit auszukommen. Darüber hinaus machen sie sich mehr Sorgen, im notorisch nüchternen New York einen Partner zu finden, und lassen sich eher wieder scheiden. Dafür haben die New Yorker Frauen einen größeren Bekanntenkreis. Mindestens 65 enge Freunde werden zu New Yorker Hochzeitspartys eingeladen, anstatt 56, was dem amerikanischen Durchschnitt entspricht.

Herz und Schmerz bleiben Trumpf

Frauen sind Leseratten, aber kuscheln sie sich wirklich genüsslich in die rosa Kissen und verschlingen dabei am liebsten kitschigen Trash mit schicksalsgebeutelten Heldinnen? Ja. In einer britischen Umfrage unter 2000 Frauen zwischen 45 und 60 Jahren gestanden 35 Prozent glänzenden Auges, dass sie am liebsten Liebesromane lesen, und ganz besonders die sanft-sinnlichen erotischen Szenen darin. 33 Prozent der Frauen bevorzugten Krimis, und nur 4,6 Prozent gaben an, nur sehr selten zu lesen.

Sexy Blutsauger

Woher kommt die blutige Leidenschaft für all die feschen und plötzlich überall auftauchenden Vampire, die besonders junge Frauen wohlig erschauern und diesen ihren weißen Hals anbieten lässt? Ganz einfach: Die bleichen Lustsauger repräsentieren Rebellen und Bad Boys. Und diese wollen Frauen gerne ein bisschen umsorgen, weil sie außerhalb der langweiligen bürgerlichen Gesellschaft stehen. Das behauptet jedenfalls eine amerikanische Film-Professorin. Die Archäologin und Wissenschaftlerin Kristen Romney geht noch einen Schritt weiter: »Vampire sind zum Sexersatz geworden. Sie wohnen nicht bei dir, aber sie schleichen ins Bett, saugen Blut und versprechen ewiges Leben. Das ist ziemlich gut.« Aber auch der gute alte Graf Dracula, der zu keinem ins Bett hüpfte, hatte definitiv einen gewissen Charme.

Schön blöd

Friedensnobelpreis oder Schönheits-OP? Welch gewagte Frage! Eine Umfrage des amerikanischen Senders Oxygen mit 2000 Frauen zwischen 18 und 34 hatte zum Ergebnis, dass 75 Prozent der Frauen viel lieber etwas für den Weltfrieden als für die Schönheit tun würden. Das verbliebene Viertel von offenbar eitlen Dummchen wartete dafür mit umso beschämenderen Antworten auf. 25 Prozent dieser Gruppe würden selbstredend nicht ihren Kopf rasieren, um einem Fremden das Leben zu retten, fast 25 Prozent würden lieber dünn als klug sein wollen, 26 Prozent würden die beste Freundin fett machen, wenn sie selbst dafür schlank bliebe, und 22 Prozent würden lieber die Fähigkeit zu lesen aufgeben, als ihre gute Figur zu verlieren. Oder sich in enge Schuhe quetschen, um sexy auszusehen ...

Schmerzlicher Schuhtick

Rückblicke tun manchmal weh, besonders, wenn man Frauenfüße befragt. Eine Studie der Boston University, an der 3500 Frauen und Männer um die 66 teilnahmen, beschäftigte sich mit der Vorliebe für ungesunde High Heels. 60 Prozent der Frauen gaben an, die meiste Zeit ihres Lebens hohe Stöckel, Slipper und Sandalen getragen zu haben. Alles Schuhe, die zu ernsthaften Schmerzen oder Verformungen an Ferse, Fessel und Ballen führten. Aber was ist schon ein bisschen Schmerz, wenn das Bein sexy aussieht. Die Frauen, die schon immer bequeme Turnschuhe und solides Schuhwerk mit Einlagen oder festen Sohlen bevorzugt hatten, gaben bis zu 50 Prozent weniger Probleme mit ihren Füßen an. Männerfüße haben es da besser: Nur zwei Prozent der Männer, die an der Studie teilgenommen hatten, trugen unbequeme Schuhe.

Wiederholungszwang

Am Anfang ist es aufregend, wenn er ein charmanter Chaot ist und sie ein Putzjunkie, denn Gegensätze ziehen sich ja bekanntlich an, oder? Doch wirkt dabei eine fatale Dynamik, wenn Frauen immer wieder an denselben Typ Mann geraten wie in der Vergangenheit. Psychologen kennen das Phänomen, das nach der ersten Verliebtheitsphase störend auftaucht: Gegensätze lassen sich dauerhaft eben doch nicht vereinbaren, und die

Beziehung funktioniert nicht, wenn diese zu groß sind. Dass Frauen immer wieder an den falschen Typen geraten, hat mit dem frühkindlichen Beziehungsmuster zwischen Mutter, Vater und Kind zu tun und wird irgendwann zum Selbstläufer. Die allseits beliebte Idee von einer Bastelanleitung für den idealen Mann muss radikal entsorgt werden. Denn heißt es nicht auch: Gleich und gleich gesellt sich gern? Frauen können aber auch einen anderen Weg gehen, wie Familientherapeuten vorschlagen, und lernen, dass es durchaus möglich ist, alleine zu leben, ohne dass die Welt untergeht.

Mein Oscar und ich

Als 2010 der Oscar für die beste Regie an Kathryn Bigelow und ihren Film *Tödliches Kommando – The Hurt Locker* ging, war sie die erste Frau, die in dieser Kategorie seit der Gründung der Academy 1927 den Goldmann gewann. Dazu passt, dass Regisseurinnen in Hollywood ohnehin selten zu finden sind: Nur sieben Prozent aller Regisseure der Top 250-Filme des Jahres 2009 waren Frauen. Die Beziehung zum nackten Mann mit dem Schwert ist also sehr ausbaufähig.

Notenkrieg

Wer hat sich zuerst schöne Melodien ausgedacht, Männer oder Frauen? Ganz klar, die Musik wurde von Frauen erfunden, behauptet eine Musikforscherin der University of Toronto. Die ersten Stücke waren Schlaflieder, mit denen Kinder beruhigt wurden. Einer anderen Hypothese zufolge waren es Männer, die mit der Musik begonnen hatten – um Frauen zu becircen.

Weibliche (Höhlen-)Kunst

Sie waren von Anfang an dabei, die weiblichen Wandmalerinnen! Der amerikanische Professor Dean Snow von der Penn State University untersuchte berühmte Höhlenzeichnungen in Frankreich und Spanien und fand mit Hilfe detaillierter Handabdrücke den Beweis für die Existenz von Frauen, die Freude am künstlerischen Ausdruck hatten. Die künstlerische Vorherrschaft der Männer ist damit um einen weiteren Kreidestrich reduziert!

Der Mann im Wandel der Zeiten

Er war einmal der Held, der Pascha, das Oberhaupt der Familie, der Meister und Machthaber, der Herr des Universums, um den die Frauen kreisten wie um einen wunderbaren Planeten – geblendet vom Glanz seiner grandiosen Herrlichkeit. In den späten 60er Jahren kickten aufgebrachte Frauen dann den Mann ziemlich rabiat vom Sockel. Heute scheint er bereits als Junge enttarnt und entmystifiziert zu sein. Viele Studien der letzten Jahre zeigen, dass Jungen und nicht etwa Mädchen die neuen unsicheren, unterdrückten Wesen mit riesigen Problemen sind. Sie sind gewaltbereiter, verhaltensgestörter, zielloser – und schlechter in der Schule natürlich auch. Männer ernähren sich schlechter, gehen nicht zu Vorsorgeuntersuchungen, lesen weniger und verzichten zugunsten einer Karriere eher auf ein Kind als Frauen. Auch ohne Studien können wir aber selbst feststellen, dass Männer im Grunde ihres Herzens unsichere, liebeshungrige, wortkarge, einspurige Höhlenwesen sind. Seelchen Mann?

Hormonelle Verwirrung

Sie kommt, er guckt, stottert, rennt gegen die Autotür und plappert Unsinn – ein bisschen wie in einer Slapstick-Satire. Betrunken oder was? Nein, nur verwirrt. Attraktive Frauen verdrehen Männern den Kopf – im wahrsten Sinne des Wortes. Nach dem Anblick einer schönen Frau können Männer nicht mehr klar denken, fanden niederländische Wissenschaftler heraus. Sie beobachteten die intellektuelle Leistungsfähigkeit von Studenten, kurz nachdem diese besonders attraktiven Kommilitoninnen begegnet waren. Kaum einer konnte kurz nach der Konfrontation mit einer schönen Frau eine Denkaufgabe lösen. Frauen blieben im umgekehrten Fall bedeutend cooler.

… denn sie wissen nicht, was sie tun

Schon allein mit einer Frau in einem Raum zu sein, treibt den Testosteronspiegel eines Mannes im Schnitt um acht Prozent in die Höhe. Dies ist selbst dann der Fall, wenn der Mann die Frau gar nicht attraktiv findet.

Der Hammer!

Der weibliche Körper hat auf Männer dieselbe Wirkung wie der Anblick eines Hammers oder Bohrers. Dies bewiesen Tests der amerikanischen Psychologin

Susan Fiske. Sie zeigte Männern Fotos von schönen Frauen im Bikini und Fotos von Schraubenschlüsseln und anderen Werkzeugen. Der Hirn-Scanner bewies: Bei beiden Fotomotiven wurden dieselben Hirnareale aktiviert. Und zwar jene, die sich für eine Handlung vorbereiten. Freud hätte bestimmt seine Freude an diesem Phänomen.

Männer mögen es feucht

Eigentlich vermutet man bei Frauen die hingebungsvollen feuchten Küsse und suchenden Zungen. Falsch! Männer mögen feuchtere Küsse als Frauen. Natürlich haben sie einen Grund dafür, und der hat nichts mit Romantik oder flammender Liebe zu tun. Wird mehr Speichel ausgetauscht, nimmt die Frau mehr Testosteron über die Schleimhäute auf und gerät womöglich in lustvolle Stimmung. Das ist der Sinn der Sache, denn die meisten Männer strengen sich beim Küssen nur deshalb so an, um die Frau ins Bett zu bekommen und Sex mit ihr zu haben.

Ein Herz für Helfer

Er spendet Blut, hilft der Oma über die Straße und gibt gestrauchelten Jugendlichen Gitarrenunterricht. Was für ein Mann! Eine britische Studie mit 1000 Testpersonen belegt: Entgegen den Thesen der Evolutionstheorie gilt Hilfsbereitschaft ohne Gegenleistung besonders bei Frauen als eine der positivsten Eigenschaften bei der Wahl von Sexualpartnern. Geld und gutes Aussehen stören natürlich nicht, aber wenn der Mann ein Gutmensch ist, fliegen ihm die Frauenherzen auch so zu. Außerdem signalisiert Hilfsbereitschaft laut Forschern die Fähigkeit, ein guter Elternteil zu sein.

Mamasöhnchen

Welche geplagte Ehefrau und Freundin kämpft nicht gegen die mächtigste Gestalt aus der Vergangenheit ihres Partners: die Mutter! Und die will Sohnemann immer irgendwie in seiner Nähe wissen, wenigstens optisch. Ungarische Forscher haben bei 312 Erwachsenen aus 52 Familien jeweils 14 Bereiche des Gesichts vermessen. Resultat: Männer bevorzugen Partnerinnen, deren Gesichtszüge Ähnlichkeit mit denen ihrer Mutter aufweisen. Dazu kommt, dass sie meistens auch so kochen soll ...

Babyface

Andererseits aber – wer sagt denn, dass es nur eine Wahrheit gibt? – fühlen sich Männer laut vielen Studien unwiderstehlich zu runden Gesichtern und kindlichen Zügen hingezogen. Diese signalisieren Naivität, also keine Gefahr oder Herausforderung irgendeiner Art. Das erklärt die niedlichen, jungen, unbedarften Dinger an den Armen von eher weniger attraktiven, aber oft reichen Männern.

Trick 17

»Warum überhäuft er mich nicht mit Geschenken?«, nörgelt manche Frau. Doch Nörgeln, Bitten, Betteln und Plappern zieht nicht bei Männern, das ist bekannt. Dabei könnte es so leicht sein, die gewünschte Gucci-Tasche zu bekommen. Ein Test bewies, dass Männer eher bereit sind, Geld für Geschenke auszugeben, wenn sie zuvor Fotos von schönen Frauen betrachtet haben. Also, einfach mal die *Vogue* auf seinem Schreibtisch rumliegen lassen …

Von Cowboys und Pferden

Mädchen reden, schreiben und lesen früher und besser. Weltweit. Jungen hinken auffällig hinterher, brechen die Schule öfter ab, landen in der Hauptschule. Schuld hat die »Feminisierung« des Erziehungssystems, heißt es. 97 Prozent des Personals in den Kindergärten und 90 Prozent der Lehrkräfte an Grundschulen sind weiblich. Die Förderung von Jungen soll nun verbessert werden, beschloss die Bundesfamilienministerin. Was die bevorzugten Lesestoffe angeht, bleibt jedoch alles beim Alten: Denn, sofern Jungen überhaupt lesen, bevorzugen sie Abenteuerbücher mit starken Helden und viel Action, Mädchen dagegen greifen nach wie vor hauptsächlich zu Pferde- oder Internatsgeschichten.

Macht der Mädchen

Väter von Töchtern haben eine erstaunlich starke Tendenz, mit Worten und Taten die Gleichstellung der Geschlechter zu fördern, fand eine amerikanische Studie heraus. Außerdem wählen sie liberaler, wenn es um Familienpolitik und Frauenthemen geht. Besonders auffällig war das bei den Kongressabgeordneten in Washington. In Texas hingegen geht es in dieser Beziehung durchaus noch konservativer zu.

Wie der Vater so die Tochter

Kein Wunder also, dass Väter heute 20 Prozent mehr Einfluss auf das Berufsleben ihrer Töchter haben. Eine Studie der University of Maryland verglich die Berufswahl von Frauen zwischen 1909 und 1977. 18 Prozent der Frauen, die in den 70er Jahren berufstätig wurden, wählten den gleichen Beruf wie ihr Vater. Von den Frauen, die vor dem 20. Jahrhundert geboren wurden, entschieden nur sechs Prozent so. Wie kam es zu diesem neuen, engen Verhältnis? Väter verbringen mehr Zeit mit ihren Töchtern und geben ihnen gute Karrieretipps. Problematisch jedoch: Väter sind extrem kritisch gegenüber ihren Töchtern und haben eine sehr hohe Erwartungshaltung an sie. All das traf früher nur die Söhne.

Kinder, bitte bleibt!

Endlich ist die anstrengende Brut aus dem Haus! Der Vater atmet erleichtert auf, die Mami heult wegen des leeren Nestes. Stimmt so gar nicht! Eine amerikanische Studie zeigt, dass Väter oft größere emotionale Probleme haben, wenn die Kinder das Elternhaus verlassen, als Mütter. Sie sind gefühlsmäßig nicht darauf vorbereitet, besonders wenn es die Tochter ist, die das Haus verlässt.

Grundsatzfrage Hausarbeit

Es gibt übrigens tatsächlich eine Studie, die besagt, dass Männer finden, Hausarbeit sei genauso eine Sache von Männern wie von Frauen. Und zwar halbe-halbe. Sie halten sich nur nicht daran. Es fehlt also eine Studie, die herausfindet, warum Frauen eigentlich so blöd sind, immer noch drei Viertel der Hausarbeit zu übernehmen. Fest steht, das hat eine wissenschaftliche Studie des Instituts für Soziologie an der Hamburger Universität (in Zusammenarbeit mit amerikanischen Kollegen) herausgefunden, dass deutsche Frauen heute mehr als 21 Stunden pro Woche mit Hausarbeit verbringen, Männer aber nur sieben. Amerikanische Männer bringen es immerhin auf 8,5 Stunden. Erstaunlich aber, was eine andere

Untersuchung herausfand: Je gebildeter der Mann, desto mehr hilft er auch im Haushalt.

Männer im Kreißsaal – nix wie weg!

Mann raucht auf dem Gang, Frau kriegt Baby im Kreißsaal. Hinterher wird das brüllende Bündel fassungslos bestaunt. Aber diese Zeiten sind vorbei. Heutzutage muss er mit an den Ort des Schmerzes. Doch die moderne Kreißsaalpflicht ist wenig inspirierend. Laut einer Bonner Studie, nach der immerhin 62 Prozent der Erstväter einen Geburtsvorbereitungskurs absolviert haben, erlebt die Mehrheit der geschockten Väter die Geburt ihres Kindes als »furchtbares Naturereignis« und wie ein »Erdbeben im Kreißsaal«. Und warum dann der Geburtenterror? »Meiner Frau zuliebe«, gestand die Mehrheit.

Papi plagt der Baby-Blues ...

Natürlich ist das neue Baby süß! Das sieht Papi genauso. Dennoch leidet einer von zehn frischgebackenen Vätern an einer postnatalen Depression, wie sie sonst nur bei Müttern bekannt ist. Dies fanden Wissenschaftler der Eastern Virginia Medical School heraus, indem sie Daten aus 43 internationalen Studien auswerteten, in denen 28 004 Väter von Beginn der Schwangerschaft an bis zum ersten Jahr nach der Geburt beobachtet wurden. Die geschätzte Zahl väterlicher Depressionen lag bei 10,4 Prozent, damit sind mehr als doppelt so viele Männer betroffen wie im Bevölkerungsdurchschnitt (4,8 Prozent). Etwa ein Viertel der Frauen leidet bereits während der Schwangerschaft unter Depressionen, ein Zehntel von ihnen danach. Das höchste Risiko für Väter, zu erkranken, besteht drei bis zehn Monate nach der Geburt. Amerikanische Papis fallen mit 14,1 Prozent, verglichen mit 8,2 Prozent in anderen Ländern, am häufigsten dem Baby-Blues zum Opfer. Warum ist das wohl so? Vermutlich aus Angst und Unkenntnis. Experten vermuten, dass andere Kulturen liberaler mit dem Thema Geburt umgehen.

Ehre statt Sex

Schon wieder ist ein weiteres Stereotyp wissenschaftlichen Tatsachen zum Opfer gefallen: Männer messen ihre Männlichkeit nicht daran, wie viele Frauen sie betören und rumkriegen können. Stattdessen geht es ihnen um Sachen für echte Kerle wie Mut oder Ehrenhaftigkeit, fanden Wissenschaftler des Kinsey Instituts an der Universität Indiana in einer internationalen Umfrage mit 27 000 Männern heraus. 33 Prozent gaben an, für sie sei der Inbegriff von Männlichkeit, von anderen als ehrenhaft angesehen zu werden. 27 Prozent fanden »das Leben unter Kontrolle haben« unglaublich männlich. Nur drei Prozent aller befragten Männer gaben an, ein aktives Sexleben sei für sie der Höhepunkt des Mannseins.

Je älter der Mann, desto höher die Hose

Woran erkennen Sie das Alter eines Mannes? An den Falten im Gesicht oder am Hosenbund, na? Ich behaupte, an Letzterem. Wo befindet er sich? Oberhalb, auf oder unterhalb der Taille? Laut einer britischen Studie des Kaufhauses Debenhams mit 1000 Männern wandert die Hose ab 57 Jahren bei den meisten Herren ganz nach oben, bis knapp unter die Achselhöhlen. Nur 20 Prozent der Männer entscheiden sich dafür, den Bund unter dem Bauch zu tragen. Bis sie zwölf sind, tragen Jungen die Hose direkt auf der Taille, aber wenn der Hormonpegel ansteigt, rutscht der Hosenbund, bis er, wenn der Knabe 16 ist, seinen Tiefpunkt unterhalb der Hüften erreicht. Zwischen 27 und 36 Jahren sitzt die Hose dann wieder in der Taille, danach wird sie aber nie wieder in der goldenen Mitte sitzen. Man nennt das auch Älterwerden ...

Back to the Fifties

Er will alles – eine wundervolle Frau, Kinder, einen tollen Job und viel Freizeit mit seinen Freunden. Der neue deutsche Mann ist wie ein Rückfall in die traditionelleren 50er Jahre. 92 Prozent glauben an die ideale Frau, die zu Hause züchtig waltet und ihre Interessen hinter den seinen zurückstellt. 1998 waren es nur 61 Prozent. 1470 Männer und 970 Frauen aller Altersgruppen wurden in einer Männer-Studie (die die katholische und die evangelische Kirche durchgeführt haben, finanziert vom

Bundesfamilienministerium) nach den wichtigen Dingen des Lebens befragt. Das Resultat wirft dunkle Schatten auf künftiges Eheglück: Magere 19 Prozent moderne Männer stehen 32 Prozent modernen, emanzipierten Frauen gegenüber. Das könnte sehr viele einsame Nächte mit Bier vor dem Fernseher bedeuten.

Männer & Frauen – Duell oder Duett?

»Mann und Frau sind auf eine solche Weise miteinander vermischt, dass einer das Werk des anderen ist«, sagte zwar die Kirchenfrau Hildegard von Bingen, die sehr viel Gelegenheit hatte, beide Geschlechter zu beobachten. Die Wissenschaft aber sieht das anders. Zumindest genetisch könnten Mann und Frau verschiedener nicht sein. Frauen und Männer passen also eigentlich gar nicht zusammen und können trotzdem nicht voneinander lassen. Das war schon immer so. Seit Ewigkeiten ein kompliziertes Verhältnis, das es zu erforschen gilt.

Die erste Paar-Studie führte vermutlich der liebe Gott persönlich durch, indem er die listige Schlange ins Paradies einschleuste, um Adam und Eva zu testen. Doch als es zu jenem verhängnisvollen Ausrutscher mit dem Apfel kam, war sein Verständnis für die Menschen ziemlich schnell erschöpft. Eva – schamlos und raffiniert – log. Und Adam schämte sich fast zu Tode. Da wurde Gott so sauer, dass er sie aus dem Paradies verwies. Nachsehen hatte auch die durchtriebene Schlange, die von nun an über den Boden robben musste. Was als harmloser Test begann, wurde den Menschen zum Verhängnis. Denn Gott stellte erstens fest, dass Männer und Frauen noch nicht mal im Paradies miteinander können, ohne dass es zu Streit und Konflikten kommt, zweitens, dass Menschen lügen, wenn sie sich einen Vorteil davon versprechen, drittens, dass Frauen verdammt neugierig sind und Männer sich zu leicht verführen lassen.

Gott entschied, sich von nun an aus zwischenmenschlichen Fragen lieber rauszuhalten. Doch als die Menschen auf sich allein gestellt waren, fingen die Probleme erst richtig an ...

Dauerbrenner Liebe

Doch nichts interessiert die Menschen so sehr wie Liebe – oder das Fehlen derselben. Sie legt die Herzen bloß und den Verstand lahm. In ihrem Namen geschehen sowohl Morde als auch Hochzeiten. Um sie und gegen sie wird gekämpft wie in einem Glaubenskrieg. Mit allen Mitteln. Und es wird so fest und innig an sie geglaubt, wie sonst nur an Gottheiten. Wie soll man da also nicht verwirrt sein, manchmal Angst bekommen, sie dort vermuten, wo sie nicht ist, und übersehen, wo sie existiert?

Die Liebe ist oft eine flüchtige Bekannte, die verfliegt wie köstliches Parfum und sich nicht einmal umdreht, um zu winken. Wo ist sie hin, stöhnen da die Paare. Soziologen und Hirnforscher haben das Phänomen der Liebe und Sexualität längst geklärt, aber kaum einer will das wissen. Wir haben jedenfalls weniger Einfluss darauf, als wir oft meinen. Und wiederholen ständig die falsche Taktik mit dem falschen Partner.

Die Ehe – (k)ein Bund fürs Leben

Auch die westliche Idee der Neuzeit, aus Liebe zu heiraten, ist ziemlich verrückt, absurd und unpraktisch. Und in der langen Geschichte der Paarungen tritt das Konzept der romantischen Liebe außerhalb von Liedgut und Dichtung nicht auf. So wie wir sie kennen, entstand die Liebesheirat erst mit dem Aufkommen des Bürgertums im 18. Jahrhundert. Früher war es unvorstellbar, dass die Menschen ihre Partner aufgrund von so etwas Irrationalem und Fragilem aussuchten. Was zählte, waren Mitgift und politische Machtfragen. Den Ehepartner zu sehr zu lieben, galt als Bedrohung der religiösen und gesellschaftlichen Ordnung und wurde wo immer möglich vereitelt. Hochzeit aus Zuneigung und Liebe? Diese Dinge gehörten jahrhundertelang einfach nicht zusammen.

Liebesehen sind immer ein Glücksspiel. Heute wissen wir tatsächlich: In dem Moment, in dem die Menschen ihre Partnerschaft auf Gefühlen gründen, schießt auch die Trennungsrate in die Höhe. In Deutschland liegen die Scheidungsraten derzeit bei 51 Prozent. Alte Völker wussten um die Unvereinbarkeit der Geschlechter, sie erlaubten vorübergehende »Kurz-Ehen«. Wenn ein Mann die Erlaubnis für eine Ehefrau für einen Tag bekam, dann durften sie sich öffentlich zeigen und auch Sex haben. Wenn der Vertrag beendet war, dann hatten beide keine Verpflichtungen mehr gegenüber dem anderen. Vielleicht liegt da die Lösung. Die Ehe ist jedenfalls unter Beschuss geraten und hat ihre romantisierte Wichtigkeit etwas eingebüßt. Merk-

würdig ist: Geheiratet wird trotzdem, auch wenn eine anständige Hochzeit heute dreimal soviel kostet wie noch vor wenigen Jahren. Was bewegt uns also zu diesem irrationalen Schritt? Und was sollte man wissen, damit es vielleicht doch für immer klappt?

Ich Tarzan, du Jane!

In der Paarungszeit werden Mann und Frau zu haltlosen Triebtätern. Tarzan will die niedliche Jane und keinesfalls eine Alpha-Amazone. Diese Neuigkeiten sind uralt, steinzeitlich alt sogar – und sowohl beschämend als auch tragikomisch. Es ist alles ganz und gar beim Alten geblieben, denn die vermaledeite Biologie schlägt anscheinend auch das emanzipierteste Getue. Der Wiener Evolutionsbiologe Karl Grammer führt seit 1987 die weltweit größte Untersuchung zur Partnerwahl durch, an der 12 000 Singles beteiligt sind. Männer, egal welchen Alters, suchen sich intuitiv die Frau aus, die maximal fortpflanzungsfähig, also jung ist. Und gut aussehend. Klar. Dafür muss die Frau weder die Relativitätstheorie erklären noch Rilke rezitieren können. Auch die Damen sind nicht unbedingt hinter einem Schlaukopf her. Genauso wenig wie hinter Männern mit gestählten Körpern. Wichtiger als das, was er in der Hose oder im Kopf hat, sind sein Status und die dicke Brieftasche. Dauerhaft setzen Frauen also auf Sicherheit, Männer auf die Fortpflanzungsfähigkeit. Wer diese schlichten Jagdszenen deprimierend findet, dem sei versichert, dass natürlich auch menschliche

Qualitäten zählen, unter anderem, dass der Partner »nett und verständnisvoll« ist. Immerhin!

Für die perfekte Ehe nehme man ...

Forscher der Australian National University haben 2500 Paare über einen Zeitraum von sechs Jahren begleitet und die Ergebnisse dann ausgewertet. Vor kurzem verkündeten sie, endlich das Rätsel entschlüsselt zu haben, warum die einen Beziehungen scheitern und andere funktionieren. Und zwar:

Altersunterschiede zählen doch!

Obwohl eigentlich alle Menschen, vom plappernden Teenie bis zum flotten Opa, störrisch darauf beharren, dass man so jung ist, wie man sich fühlt, bleibt die Ehe anscheinend davon unberührt. Wenn der Ehemann neun Jahre oder noch älter als die Frau ist, kommt es mit doppelter Wahrscheinlichkeit zur Scheidung. Ist er zwei Jahre jünger oder noch mehr, besteht die gleiche Gefahr. Wie aber passt dann dazu, dass man so oft sowohl von »reifen« glamourösen Filmstars wie auch von einfachen gestandenen Frauen hört, die sich mit einem sehr viel jüngeren Mann vergnügen und ihn auch noch heiraten? Was denn nun: Hot oder not? Oder ein Ausrutscher der Statistik?

Beziehungskiller Baby

Es überrascht nicht wirklich, dass ein stark ausgeprägter Kinderwunsch bei Frauen – wo bei jedem Babywagen laut aufgeschrien wird und der Blick sich so sehnsüchtig verklärt, dass selbst das ruhigste Baby anfängt, ängstlich nach dem Beißring zu greifen – die Wahrscheinlichkeit einer Trennung stark erhöht. Besonders dann, wenn der Mann den Enthusiasmus für den Nachwuchs nicht teilt. Ist das niedliche Bündel schon da, noch bevor eine Ehe geschlossen wird, liegt die Wahrscheinlichkeit einer Trennung bei 20 Prozent. Kommt das Baby nach der Heirat, sind es 10 Prozent.

Verpuffte Toleranz

Dass man ungesunde Angewohnheiten und Süchte nicht unterschätzen sollte und selbst eine tolerante Liebe einen paffenden Partner keineswegs übersteht, zeigt folgende düstere Prognose: 75 bis 90 Prozent der Ehen, in denen nur ein Partner raucht, verpuffen im Nirwana. Symmetrie dagegen verheißt Beziehungsglück: Wenn beide Partner Raucher oder Nichtraucher sind, erfreut man sich bedeutend länger seiner gemeinsamen Vorlieben.

Beim zweiten Mal klappt's auch nicht besser

Überraschend ist, dass die vielgepriesene zweite Ehe, bei der man es doch besser wissen sollte, alles andere als ein Garant für dauerhaftes Glück ist. Die Chance, beim zweiten Mal endlich den oder die Richtige gefunden haben, ist um 90 Prozent geringer als beim ersten Versuch.

Sternzeichen egal

Die Universität Manchester fand bei einer groß angelegten Untersuchung heraus, dass Sternzeichen keinerlei Auswirkung auf die Auswahl des Ehepartners haben. Untersucht wurden die Geburtsdaten von über zehn Millionen Paaren. Und siehe da: Es gibt keine statistische Häufung bestimmter Sternzeichenkombinationen. »Wenn es auch nur die geringste Tendenz gäbe, dass sich Jungfrauen zu Steinböcken hingezogen fühlten oder Waagen zu Löwen, dann hätten wir das in der Statistik gesehen«, so die Forscher. Trotzdem gibt es wahrscheinlich nichts Schöneres, als sein Glück (oder Pech) weiterhin den Sternen zuzuschreiben.

Jeder mit jedem

Wer annimmt, dass die Hölle los ist, wenn eine Jüdin einen Christen, ein Eskimo eine Brasilianerin oder aber ein Popstar einen Kernphysiker heiratet, wird sich wundern. Angeblich spielen weder Nationalität noch Religion oder Bildung eine Rolle für das Eheglück.

Cold Cash

Geld dafür aber umso mehr. Arbeitslosigkeit und knappes Einkommen des Ehemannes (aber nicht der Ehefrau!) verdoppeln die Trennungswahrscheinlichkeit. Eine Studie der Staatlichen Universität von Pennsylvania zeigt, dass die Scheidungsrate bei Paaren dann am höchsten ist, wenn die Frau 50 bis 60 Prozent zum Familieneinkommen beiträgt. Dagegen ist sie am niedrigsten, wenn sie wesentlich weniger oder wesentlich mehr verdient als der Mann. Das bedeutet, dass eine reiche Frau ausreichend Vorteile besitzt, um den Mann an sich zu binden, und seine Unterlegenheit in Armani-Anzüge packen und mit einem spendierten Porsche betäuben kann. Anders ausgedrückt: Je stärker die gegenseitige Abhängigkeit, umso geringer die Scheidungsrate.

Zahl du, Liebling!

Beim Geldausgeben unterscheiden sich die Geschlechter dann wieder. »Zahl du!«, sagt vor allem der Mann der niedrigeren Einkommensklasse und drückt der Frau das Portemonnaie in die Hand. Hauptsache, seine Rolle als Ernährer und Versorger bleibt in der Öffentlichkeit unangetastet! Arbeitende Frauen, überglücklich über finanzielle Unabhängigkeit, haben sich dagegen in Richtung Raffzahn entwickelt. Die Mehrheit will ihr eigenes Geld ganz allein verwalten und ausgeben, von seinem aber auch profitieren.

Signalfarbe Rot

Ein schicker bronzefarbener Playboy-Teint wirkt männlich und signalisiert den Mann von Welt, aber auch britische Blässe kann sexy wirken. Könnte man jedenfalls annehmen. Doch Forscher, wieder einmal auf der Suche nach den Geheimnissen der Geschlechter, experimentierten etwas und färbten ein neutrales Gesicht am Rechner kaum merklich rötlich ein. Tests ergaben, dass dieses Gesicht als besonders männlich eingestuft wurde. Als weiblich wurden Gesichter wahrgenommen, die leicht grünlich getönt waren. Die rot-grüne Koalition der Geschlechter sozusagen …

Happy Face!

Wer sagt es denn! Es ist lächerlich einfach, herauszufinden, wie lange eine Ehe halten wird. Es gibt nämlich den Happy-Face-Test. Raus mit den Fotoalben und Schnappschüssen! Haben Sie ein breites Lächeln und Lachfältchen um die Augen? Wenn ja, haben Sie die beste Chance, eine lange Ehe zu führen. 650 amerikanische Studienteilnehmer wurden nach einem Punktesystem bewertet. Stirnrunzler erhielten nur einen, Lächler dagegen 10 Punkte. Anschließend wurden die Teilnehmer nach der Dauer ihrer Ehe befragt. Bei 11 Prozent der fröhlichen Lächler war die Ehe intakt. Wer schon als Kind etwas grimmig guckte, egal ob mit oder ohne Grund, der hat ein Scheidungsrisiko von 31 Prozent. Oder zu viele geschiedene Freunde:

Scheidung steckt an

Masern sind ansteckend, klar. Gute Laune genauso. Aber was Soziologen und Psychologen der Brown University, der Harvard University und der University of California nun herausfanden, überrascht dann doch: Wenn sich Paare trennen, sind dadurch auch die Beziehungen im engen Freundeskreis gefährdet, gerade so, als würde ein Bazillus überspringen. Die Ergebnisse der Wissenschaftler, die über einen Zeitraum von 32 Jahren durchgeführte Paarstudien untersuchten, sind frappierend. Die Wahrscheinlichkeit, selbst geschieden zu werden, erhöht sich um 75 Prozent, wenn enge Freunde es einem vormachen. Dabei spielt es keine Rolle, ob sie weit weg oder direkt nebenan wohnen. Die Forscher nennen das den Scheidungs-Klumpeneffekt. Die Wirkung verringert sich um 33 Prozent, wenn es sich nur um entfernte Freunde handelt. Auch das Eheleben von Familienmitgliedern und guten Arbeitskollegen beeinflusst das eigene Empfinden von Glück und die Entscheidung, sich zu trennen. Eine weitere bittere Pille: Wer sich scheiden lässt, verliert im Schnitt 10 Prozent seiner Freunde.

Filmreife Liebe

Der eine mag harte Männer mit Waffen, Special Effects oder gefährliche Space Monster, der andere – nein, meist *die* andere – Liebe, Lust und Happy Ends. Setzen uns romantische Filmkomödien unrealistische Flöhe in den Kopf, oder reflektieren sie das wirkliche Leben? Eine schottische Studie aus Edinburgh untersuchte, ob und inwieweit Liebesfilme einen Einfluss auf uns haben. Man befragte u. a. 300 Studenten, bei denen ein Zusammenhang zwischen deren Vorliebe für Leinwandromantik und ihren eigenen übersteigerten Vorstellungen von Liebe gesucht wurde. Analysiert wurden 40 sehr erfolgreiche amerikanische »Romantic Comedies« von 1995 bis 2006. Das überraschende Ergebnis: Die Vorstellungen der Studenten muteten tatsächlich wie eine Neuauflage von *My best Friend's Wedding* oder *Pretty Woman* an. Die Idee von der einzigartigen großen Liebe, die uns vom Schicksal bestimmt und zugeführt wird, wie sie in den meisten Liebesfilmen propagiert wird, führte zu komplett übersteigerten Erwartungen im realen Leben, denen kein Mensch standhalten kann. Happy End ade.

... jung, männlich, leidend

Frauen sind zarte Geschöpfe empfindsam, verträumt, sehnen sich nach Romanzen, nach Glück und Harmonie – darüber waren sich selbst Sozialforscher stets einig. Männer dagegen gelten als stoisch und widerstandskräftig, sie stecken alles locker weg. Besonders wenn es in der Beziehung kriselt. Untersuchungen offenbarten nun aber, dass in einer lange bestehenden Ehe beide Partner gleichermaßen leiden (Frauen reagieren eher depressiv, Männer trinken). Eine Studie der Florida State University, in der sich 1611 unverheiratete Männer und Frauen zwischen 18 und 23 über ihre Liebesbeziehungen äußerten, wartete mit überraschenden Ergebnissen auf. Junge Männer leiden bedeutend stärker unter Stress in der Liebe als junge Frauen. Letztere haben nämlich Freundinnen, bei denen sie sich ausweinen können, während Männer wie arme, einsame Wölfe durch die Gegend trotten. Die amerikanische Liebesforscherin Helen Fisher deutet diesen Sachverhalt auf die Darwinsche Art: Das männliche Gehirn konzentriert sich stark auf das Hier und Jetzt, Frauen hingegen denken zukunftsbezogener. Das müssen sie auch, denn die fruchtbaren Jahre sind irgendwann einmal vorbei. Jede Trennung bedeutet daher einen entscheidenden Verlust an kostbarer Zeit. Also besinnen sie sich auf ihre Stärke und nehmen den nächsten Kandidaten ins Visier.

Zeigt her eure Füße ...

Männer schauen Frauen zwar selten zuerst auf die Füße, doch sind es besonders die Füße, gefolgt von der Breite der Hüften, der Länge der Oberschenkel und der Körpergröße, die Hinweise darauf geben, ob *Gesichter* als anziehend bewertet werden. Und wer auf Riesentretern daherkommt, kann gleich einpacken. Zwei Wissenschaftler der University of Albany in New York haben entdeckt, dass sich in unserem Gesicht offenbar Eigenschaften des Körperbaus widerspiegeln, die auf den ersten Blick nichts damit zu tun haben. In Tests mit 60 Studentinnen wurden 16 verschiedene Eigenschaften des Skeletts gemessen und zu einem einzigen Bild zusammengefügt. Dann wurden jeweils jene acht Frauen bestimmt, bei denen diese Merkmale überdurchschnittlich groß oder klein ausgebildet waren, und von einer Gruppe von Männern hinsichtlich Attraktivität, sexueller Offenheit und Weiblichkeit beurteilt. So wurden etwa die Bilder von Frauen mit besonders zierlichen Füßen zehnmal öfter als weiblich bewertet als jene der Frauen mit überdurchschnittlich großen Füßen. Vielleicht kommt die Vorliebe für kleine Füßchen ja daher, dass diese Damen nicht so schnell weglaufen können?

Cowboy und Catwalk

Seemannsgang, steif wie ein Soldat, graziös wie ein Tänzer oder breitbeinig wie ein Cowboy? Die Art und Weise, wie sich ein Mensch bewegt, besonders sein Gang, ist unverwechselbar. Doch welche Art Gang wirkt auf das andere Geschlecht sexuell attraktiv? In einer Bewegungsstudie fanden Forscher der Ruhr-Universität Bochum heraus, welche Gangart das jeweils andere Geschlecht am meisten fasziniert. Männer lieben den typischen Laufsteg-Gang, Frauen den breitbeinigen Männergang mit schwankendem Oberkörper. Mit diesem nehmen Männer soviel Platz wie möglich ein und plustern sich auf wie Tiere bei der Balz. Frauen machen es umgekehrt. Sie machen sich schmal und halten die Arme enger am Körper, dafür schwingen sie etwas stärker die Hüften, die Füße bewegen sich in einer geraden Linie. Schwung, Kraft und Entschlossenheit bei Männern wirken zwar attraktiv, Frauen jedoch dürfen nicht in diesen Gang verfallen. Eine Raum einnehmend, schwungvolle Dame: Das mögen Männer nämlich überhaupt nicht. Frauen selber gaben an, das anders zu sehen. Sie empfinden einen schwungvollen Gang als sexy und alles andere eher als verkrampft.

Begehrte Discofüchse

Das Etikett »grauenvolle(r) Tänzer/in« ist eine Art Todesurteil. Peter Lovatt, Dozent für Psychologie an der britischen Universität Hertfordshire, auch gern Dr. Dance genannt, fand in einer Studie heraus: Alter, Geschlecht und Gene sind verantwortlich für elegantes Tangotanzen – oder schaurigen Foxtrott. Und welche Tanzbewegungen gelten beim anderen Geschlecht nun als besonders sexy und attraktiv – oder vollkommen abturnend? Die Mädchen begeisterten sich am meisten für die Jungs mit dem höchsten Testosteronspiegel und ausholenden, geschmeidig variierten Bewegungen, für diejenigen mit niedrigem Spiegel und steifem Gehopse am wenigsten. Die Jungs bevorzugten bei den Damen dezente Hüftbewegungen, auf keinen Fall aber wilde Umdrehungen oder fuchtelnde Armbewegungen! Ganz wie beim beliebten Catwalk.

Tanztiger und Tanzmäuse

Wie sieht es aber mit der Selbsteinschätzung aus? Junge Mädchen haben das stärkste Selbstbewusstsein, und zwar auf jedem Gebiet, jedoch nur, bis mit zirka 16 Jahren die Pubertät ihren Höhepunkt erreicht – und das Selbstbewusstsein schneller sinkt als die Titanic. So auch beim Tanzen. Mitte 20 bis Mitte 30 finden sich Frauen noch mal toll, dann aber ist das auch vorbei. Mit den Wechseljahren sinkt die Überzeugung vom eigenen Tanztalent und verkümmert schließlich jämmerlich. Trotz Frauen wie Tina Turner, die mit 70 eigentlich noch recht beweglich ist. Männer, obwohl eher keine John Travoltas auf dem Tanzboden, sondern als kräftige Fußtreter berüchtigt, empfinden sich auch mit über 65 noch als verdammt gute Tänzer.

Eifersucht macht blind

Liebe macht bekanntlich blind, aber auch Eifersucht vernebelt offenbar die Wahrnehmung. US-Forscher der University of Delaware haben eben dies in einem Experiment nachgewiesen, bei dem sie Paare nebeneinander an verschiedene Computer setzten. Zuerst sollten die Frauen Fotos von schnell auftauchenden Landschaften erkennen, während die Männer deren Schönheit bewerten sollten. Nach der Halbzeit des Experiments sollten die Männer nicht mehr Landschaften, sondern die Attraktivität anderer Frauen beurteilen. Ihren Partnerinnen gefiel das gar nicht, es brachte sie auch sofort aus dem Konzept. Je eifersüchtiger sie wurden, umso stärker wurden sie abgelenkt und konnten schließlich die Landschaftsfotos auf dem Bildschirm nicht mehr sicher erkennen. Der umgekehrte Fall ist noch nicht getestet worden.

Lach doch mal!

Diesen Wunsch findet man hauptsächlich bei Frauen, denen Humor besonders wichtig in der Beziehung ist. Sie interpretieren ihn als die Fähigkeit, über den Dingen stehen zu können. Vorgefertigte Witze der platten Art allerdings stehen nur für unkreative Spießigkeit und lassen den Mann auf dem Singlemarkt zum Ladenhüter werden. Ganz anders verhält es sich mit einem echten Lachen. In einer Studie gaben 60 Prozent der Frauen an, dass ein solches die Attraktivität des Gegenübers verstärkt.

Für Frauen verboten

Wenn es sich um das Lachen einer Frau handelt, ist bei Männern hingegen die Quote nur halb so hoch. Ein kleines Lächeln ist hübsch und ungefährlich, aber wer einen aktiven, womöglich scharfzüngigen Humor hat, gilt bei Männern schnell als unsexy. Wer dazu auch noch ungehemmt laut lacht, demonstriert Stärke und Unabhängigkeit – und mit solchen Attributen bei einer Frau hat das starke Geschlecht anscheinend nach wie vor Probleme.

Mathe eins, Sex sechs

Vielleicht kennen Sie diesen etwas einfältigen und vulgären Satz des Volksmundes: »Dumm fickt gut«? Das Ergebnis einer Studie von US-Wissenschaftlern aus North Carolina weist in dieselbe Richtung: Eher schlichte Gemüter haben zumindest den meisten *Spaß* am Sex. Mit einem IQ zwischen 75 und 90 empfindet man die meiste Freude am Knutschen, Fummeln und anderen Körperlichkeiten, so jedenfalls die Forscher. Wieso das so ist? Weil man eben nicht groß nachdenkt, sondern sich einfach ins Vergnügen stürzt. »Er denkt mit dem Schwanz«, wird ja auch oft gesagt – obwohl natürlich selten als Kompliment gemeint. Über 80 Prozent der intelligenteren Männer (Mathematiker und Biochemiker) waren noch unberührt. Zahlen und Formeln vertragen sich wohl nicht mit irrationalen und lustvollen Handlungen im Bett. Gnadenlos dumm darf man aber auch nicht sein, denn wer mit seinem IQ unter 75 lag, war auch nicht unbedingt eine Granate im Bett. Frauen sahen das anders. Eine Studie der kalifornischen Universität Davis zeigt, dass Frauen den schlauen Köpfen durchaus sehr gewogen sind. Wenn es um die Partnerwahl geht, punktete männliche Intelligenz bei der Mehrzahl der Damen recht hoch. Dabei war es ihnen vollkommen egal, wann die Männer ihre ersten sexuellen Erfahrungen gemacht hatten.

Die Klügere gewinnt

Ein ähnliches Klischee gilt für intelligente Mädchen, die ja angeblich sexuell verklemmt und nur deshalb so klug sind, weil kein Mann sie will und ihnen so viel Zeit für Bildung übrigbleibt. Doch amerikanische Umfragen beweisen, dass gebildete berufstätige Frauen genauso glücklich und erfüllt in ihren Ehen und Beziehungen sind wie traditionell orientierte Hausfrauen und Mütter.

Untreue auf Französisch

Französische Männer haben neben der Ehefrau oft auch eine Geliebte, na und? Sie finden das normal, und ihre Frauen schauen weg. C'est la vie. Die französische Psychologin Maryse Vaillant schrieb ein Buch über Liebe und Treue, in dem sie eine Lanze für die männliche

Freiheit brach und erklärte, die zu Unrecht verdammte Untreue rehabilitieren zu wollen. Männer gehen ihrer Meinung ja nicht deshalb fremd, weil sie ihre Frauen nicht mehr lieben. Im Gegenteil. Sie brauchten nur etwas Raum zum Atmen. So denken offenbar auch 40 Prozent der französischen Männer, die offen zu ihrer Untreue stehen. Wie relativ treu sind dagegen doch die Amerikaner: Nur 20 Prozent der Männer und zehn Prozent der Frauen gaben an, jemals untreu gewesen zu sein.

Fremdgehende Frauen

Männer sind schon schlimm. Sie heiraten und schwören ewige Liebe, vergnügen sich bei der nächstbesten Gelegenheit aber mit einer anderen – die durchaus auch verheiratet sein kann. Doch nicht auch die braven Ehefrauen? Aber hallo! Eine deutsche Studie lieferte schockierende Ergebnisse: 55 Prozent der Frauen und 49 Prozent der Männer hatten schon einmal eine Affäre. Für alle, die glauben, geschickt genug zu sein, ihre verbotenen Spiele verbergen zu können: 60 Prozent davon kommen erbarmungslos heraus. Männer fliegen mit 63 Prozent öfter auf als die anscheinend raffinierteren Frauen mit 58 Prozent, die eher dazu neigen, einen Seitensprung zuzugeben. Allerdings ist ihr Hass auf den untreuen Partner dann maßloser, auch mit lodernden Rachegefühlen sind Frauen mit 40 Prozent fast doppelt so hoch vertreten wie bei den Männern 22 Prozent. Sind die Gefühle etwas abgekühlt, lassen immerhin noch 30 Prozent der Frauen, aber nur neun Prozent der Männer, ihre Wut am anderen auch wirklich aus. Tipp an männliche und weibliche Affären-Junkies: Kaufen Sie sich umgehend die DVDs der Rachefilme *Der Club der Teufelinnen* und *Eine verhängnisvolle Affäre,* mit Glenn Close, die das Kaninchen kocht. Das kuriert vielleicht.

Unverzeihlich!

Auch wenn sie selbst fremdgehen, leiden Frauen einer Studie von Berliner Psychologen zufolge stärker unter Eifersucht als Männer, weil sie schon allein die emotionale Untreue des Partners hart trifft. Eine andere Untersuchung zeigt jedoch, dass die Geschlechter so unterschiedlich dann doch wieder nicht empfinden: Nur 43 Prozent der Männer und 37 Prozent der Frauen würden demnach einen Seitensprung verzeihen.

Reiz des Fremden

Warum aber haben verheiratete Frauen heimlich mit anderen Männern Sex? Diese Frage wurde 1103 Frauen von einem Hamburger Lifestyle-Männermagazin gestellt. 67 Prozent der Frauen gaben an, mit ihrem Sexleben unzufrieden zu sein. Den Sex mit ihrer Affäre hielten 79 Prozent für besser und empfanden ihn vor allem als leidenschaftlicher! Kein Wunder: Mehr als jede vierte Befragte (28 Prozent) schlief mit ihrem Partner überhaupt nicht mehr, weitere 15 Prozent nur noch sehr sporadisch.

Tatort Arbeitsplatz

Und wer sind nun die außerehelichen »Opfer« der Frauen? In 36 Prozent der Fälle handelt es sich um Arbeitskollegen, bei 34 Prozent um eine Kneipenbekanntschaft und bei 27 Prozent um einen Freund. Und wie lange hält so eine Liaison? Mehr als drei Viertel der Befragten gingen länger als einen Monat fremd. Jede Zehnte würde es wieder tun. Und nicht nur das. Frauen haben sich offenbar auch eine Art Philosophie der Schuldlosigkeit zugelegt. So werden 53 Prozent der Fremdgängerinnen wenig oder gar nicht von ihrem Gewissen gequält, 41 Prozent manchmal, und nur ganze 6 Prozent bekennen sich zu schweren Gewissensbissen.

Mehr Muskeln

Sexy sind sie ja, die männlichen Muskelprotze, aber ebenso unfähig, treu zu sein, wie ungeeignet zur Hausarbeit oder um Kinder zu versorgen. Eine Studie der kalifornischen UCLA-Universität erklärt nun, wie Frauen in puncto Wahl ihrer Seitensprünge ticken. 61 Prozent der befragten Frauen gaben verschämt zu, dass ihre kurzen, heißen Affären mehr Muskeln besaßen als ihre Langzeitpartner. Dazu passt, dass Muskelmänner im Vergleich mit den schmalbrüstigen Jungs doppelt so häufig mit mehr als drei Frauen geschlafen und mehr One-Night-Stands gehabt hatten. Kräftige Kerle waren ja einmal wichtig, um kräftige Gene weiterzugeben und deren Überlebenschancen zu erhöhen. Heute sind Kraft und Muskeln für uns nicht mehr so überlebenswichtig, in Sachen Sex schielen Frauen insgeheim aber weiterhin auf die männlicheren Männer. Man kriegt den Urmenschen nun einmal nicht aus sich heraus.

So kantig das Kinn, so flink der Penis

Vor allem Männer vom Typ Höhlenmensch, mit kantigem Kinn, kräftiger Nase, dichten Augenbrauen und kleinen Augen, stehen in Verdacht, häufig fremdzugehen. Zu diesem Ergebnis kamen Forscher zweier Universitäten in einer Untersuchung mit 400 britischen Männern und Frauen. Als Langzeitpartner bevorzugen Frauen daher Männer mit feineren Gesichtszügen, vollen Lippen und leicht geschwungenen Augenbrauen, also einem eher femininen Aussehen. In Tests standen viele Frauen zwar zunächst spontan auf kantige Kerle, anschließend löst der Anblick des maskulinen Quadratschädels ein Warnsignal aus, da ihm fürsorgliche Eigenschaften abgesprochen werden. Für den Seitensprung (siehe oben) darf es hingegen auch mal männlicher sein.

Verkehrte Verhältnisse

Das amerikanische Journal *Human Nature* veröffentlichte die Ergebnisse einer über 15 Jahre geführten Studie über Naturvölker, bei denen in Sachen Beziehung absolute Liberalität herrscht. Im Volk der Pimbwe in Tansania fand man viele »Serientäterinnen«, die bereits fünfmal geheiratet hatten. Eine schlaue Entscheidung, wie sich herausstellte, denn die Kinder der Frauen, die öfter als zweimal verheiratet waren, hatten eine größere Überlebenschance als die der anderen. Und nun kommt die tollste Entdeckung: Die Frauen, die die meisten Ehemänner »verbraucht« hatten, galten als die besten, fleißigsten, qualifiziertesten, verlässlichsten und begehrtesten Partnerinnen. Bei den Männern verhielt es sich genau umgekehrt. Je mehr Ex-Frauen, desto weiter unten befanden sie sich in der Beliebtheitsskala. Übrigens: Ehen werden dort nicht mit Ringtausch, pompösen Schwüren und Wedding-Planern arrangiert, und die Trennung wird dadurch vollzogen, dass einer von beiden einfach geht.

Falsche Wahl

Diese Art von Arrangement scheint auch vielen Frauen in Deutschland vorzuschweben: Laut einer Umfrage würde mehr als die Hälfte der Frauen nach fünf Jahren Ehe ihren Ehepartner nicht noch einmal heiraten. Dafür würden 76 Prozent von ihnen gerne mal Frischfleisch in Form eines jüngeren Mannes vor den Altar, aber noch lieber ins Bett kriegen (siehe auch »Fremdgehende Frauen«).

Rendezvous auf vier Beinen

Ein paar Dosen Kitekat, eine Handvoll Salat oder ein frischer Kalbsknochen, dazu Kater Puschel oder Retrieverrüde Jimmy – und der romantische Abend kann beginnen. Jeder Fünfte würde am Valentinstag seinen Partner sitzen lassen, um die Zeit mit seinem Haustier zu verbringen, ergab eine weltweite Umfrage des Marktforschungsinstituts Ipsos. Klar. Tiere sind treu und ziehen keinen Flunsch, wenn es weder Herzchenkarten noch Blumen oder Pralinen regnet. Als die größten Tierfreunde erwiesen sich die Befragten in der Türkei mit 49 Prozent, gefolgt von Indien mit 41 Prozent. Die Deutschen stehen mit 14 Prozent am eher unteren Ende der Skala. Auch wenn Männer *und* Frauen befragt wurden, liegt allerdings der Verdacht nahe, dass es hauptsächlich die Männer sind, denen der Zwang zur Romanze für einen Tag nicht gefällt. Übrigens: Es sind vor allem junge Leute (25 Prozent der unter 35-Jährigen), die lieber kraulen, kosen und Stöckchen werfen, als ihrem Partner Liebesworte ins Ohr zu hauchen. Und noch was: Tiere lügen nicht!

... und wir lügen doch

Er ist schlank, groß, sexy, hat volles Haar und dazu noch viel Geld. Behauptet er zumindest in seinem Online-Porträt. Mit großer Wahrscheinlichkeit ist das aber gelogen. Eine europaweite Studie über den Wahrheitsgehalt von Online-Partnerprofilen legt nahe, dass 58 Prozent der Singles, die eine Internetverabredung hatten, bereits nach der ersten realen Begegnung mit dem dicklichen, ungepflegten Sabbelheini oder der kettenrauchenden schrillen Saufnase die Schnauze voll hatten und sich getäuscht fühlten. Sah er oder sie auf dem Foto nämlich recht gut aus, straft die Realität das Bild nun lügen. Ein Klassiker sind uralte oder geschönte Fotos. Von den Europäern fallen vor allem die Italiener mit ihren Lügen auf. 72 Prozent der befragten Italiener fühlten sich von den Online-Prahlern im Nachhinein getäuscht. »Nur« 58 Prozent der Deutschen, 56 Prozent der Franzosen und 55 Prozent der Briten sahen sich ebenfalls betrogen. Allein die Holländer scheinen mit 48 Prozent die Dinge etwas ehrlicher anzugehen.

Eine Lüge kommt selten allein

Doch nicht nur beim Online-Dating wird die Wahrheit oft allzu frei interpretiert. Auch bei Umfragen von Meinungsinstituten wird viel gelogen, besonders wenn es um Sex, Zufriedenheit und Glück geht. Der britische Fernsehsender Really führte eine Umfrage unter 2000

Männern und Frauen durch, die verrieten, in welchen Situationen sie am meisten lügen. Das schockierende Ergebnis: 36 Prozent flunkern regelmäßig.

Hier einige der häufigsten Lügen:

35 Prozent schwindeln bezüglich ihres Alkoholkonsums. Jüngere übertreiben eher, Ältere verheimlichen das Extraglas. 34 Prozent flunkern, wenn es um Sex geht. 26 Prozent der Männer nennen eine größere Anzahl an Partnerinnen, während Frauen ihre Bettbekanntschaften eher herunterspielen. 34 Prozent lügen, was ihre Haarfarbe und ihr Gewicht angeht.

Besser nicht beschwipst

Doch wenden wir uns wieder einer anderen Seite des Geschlechterdilemmas zu: Was *sie* denkt, das *er* will. Sie – das sind 71 Prozent der Studentinnen, die an einer Studie der Loyola-Marymount-Universität teilnahmen – dachten, dass Männer es unglaublich sexy finden, wenn sie bei einer Verabredung mindestens fünf Cocktails runterkippen, angesäuselt dummes Zeug reden und kichernd alle Hemmungen fallenlassen. Falsch! Der durchschnittliche Student erachtet es als ausreichend angesäuselt, wenn seine Freundin oder sein Flirt nur die Hälfte von dem trinkt, wie sie glaubt, dass er toll findet. Dahinter verbirgt sich wohl auch die alte Vorstellung, trinkende Frauen als peinliche Schnapsdrosseln abzustempeln. Aber hat im Gegenzug eigentlich mal jemand die Frauen gefragt, was *sie* von hemmungslos zugesoffenen Männern halten?

Schöntrinken

Das »Schöntrinken« gilt eigentlich als ein Klassiker unter Männern: Unter Alkoholeinfluss verschwinden auch die weniger attraktiven Züge der Frau, die man gerade anbaggert. Nun fanden britische Wissenschaftler der Universität Bristol heraus, dass heterosexuelle Männer nach ein paar Gläschen auch die Vertreter des eigenen Geschlechts hübscher finden als zuvor im nüchternen Zustand. Bei Frauen hat selbst mäßiger Trinkgenuss einen ähnlichen Effekt. Bei dem Test wurden männlichen und weiblichen Studenten nach dem Genuss von rund einem viertel Liter Wein oder Saft Fotos von Männern und Frauen zur Bewertung vorgelegt. Im Vergleich zu den Safttrinkern empfanden die angeheiterten Versuchspersonen sowohl das jeweils andere Geschlecht als auch ihre Geschlechtsgenossen als attraktiver.

Zaubertrank und Liebespille

Wohl jeder weiß, dass Verliebtheit sich anfühlt, als wäre man auf Drogen. Das ist man auch, denn unser Hirn produziert dann einen fantastischen Drogencocktail, nach dem jeder Süchtige lechzen würde: Zuerst werden die natürlichen Amphetamine für die Euphorie und, wenn man sich dann wieder beruhigt hat, Endorphine ausgeschüttet, die uns emotionale Sicherheit vorgaukeln. Kommt schließlich noch das Kuschelhormon Oxytocin dazu, ist man auf dem Weg zu einer wunderbaren festen Beziehung voller Glück und Harmonie. Was wir für Schicksal und Romantik halten, ist oft nur eine chemische Unausgewogenheit im Gehirn. Daher könnte es irgendwann auch eine Pille für die vollkommene Liebe und Partnerschaft geben, behaupten jedenfalls Forscher der Monash-Universität in Melbourne und sehen sich durch den Test eines amerikanischen Neurowissenschaftlers bestätigt: Nachdem in das Gehirn von weiblichen Präriemäusen, die ähnlich wie wir Menschen zur Monogamie neigen, das Kuschelhormon Oxytocin injiziert wurde, machten sie sich umgehend an den nächstbesten Mäuserich ran. Irgendwann könnte so ein verzweifelter Verehrer in der Lage dazu sein, seiner Angebeteten eine pharmazeutische Liebesdroge in den Drink zu kippen. Hoffentlich gibt es die nur auf Rezept!

Riskante Berufswahl

Finger weg von Choreografen und Masseusen! Die große Liebe ist wunderbar und verhilft oft zu einer langen Ehe. Ebenso wichtig für das Gelingen einer Beziehung ist jedoch der Beruf des Partners oder der Partnerin. Amerikanische Studien, die Berufsgruppen und die Wahrscheinlichkeit einer Trennung miteinander vergleichen, halten einige Überraschungen parat. Menschen mit extrovertierten, stressigen Jobs sind am ehesten von einem Beziehungs-Aus bedroht: Für Tänzer, Choreografen und Barkeeper gilt ein Trennungsrisiko von 43 Prozent. Genauso hoch liegt die Gefahr bei Pflegepersonal, Psychiatern und all denen, die Älteren und Gebrechlichen helfen, jenen also, die viel Zeit mit anderen Menschen verbringen. Zahnärzte, Fußpfleger und Optiker hingegen verbringen auch viel Zeit mit Menschen, haben aber eine niedrige Scheidungsrate von zwei bis sieben Prozent, ebenso wie Geistliche und Agrarwissenschaftler. Bei Küchenchefs, Sekretärinnen und Mathematikern liegt die Trennungswahrscheinlichkeit bei 20 Prozent. 18 Prozent der Journalisten und Architekten sind von einer Scheidung bedroht, während es bei Bibliothekaren, Fitnesstrainern und Ernährungsberatern 17 Prozent und bei Reisebüroangestellten, Autoren und Polizisten 16 Prozent sind, etwas mehr als bei Feuerwehrmännern und Lehrern. Zwölf Prozent der Richter und Magistrate werfen das Ehehandtuch, gefolgt von Bestattungsinstitut-Direktoren und Tierärzten. Überraschend ist, dass die mögliche Scheidungsrate bei den Top-Angestellten und Generaldirektoren bei nur zehn Prozent liegt, obwohl Unmengen an Stress, Reisen und Arbeit nicht gerade zu einer guten Ehe beitragen (oder vielleicht gerade deshalb doch?). Hier weitere Berufssparten und ihr Trennungsrisiko: Entertainer, Künstler, Schauspieler und Menschen in der Sportbranche 28,49 Prozent. Gepäckträger und Empfangsdamen 28,43 Prozent. Kellner(innen) 27,12 Prozent. Dachdecker 26,85 Prozent, Hausmädchen und Putzfrauen 26,38 Prozent. Chefköche 20,10 Prozent. Es wäre schon interessant zu erfahren, weshalb bei Gepäckträgern ein so hohes Scheidungsrisiko besteht.

Mister Good Enough

Mit 30 noch nicht verheiratet? Oh Gott! Der Horror! Besonders in Amerika. Lori Gottlieb, die Autorin des Bestsellers *Marry Him: The Case for Settling for Mr. Good Enough,* weiß um das Trauma und teilt uns in ihrem Buch ihre Beobachtungen mit. Demnach suchen Frauen immer nach der großen romantischen Liebe, wo doch die kleine gemütliche Alltagsliebe in Puschen nicht allzu weit entfernt wohnt. Sie rät, »Mister Good Enough« unbedingt zu heiraten und das Glück ins Wohnzimmer zu locken, um es dort bis zur Pensionierung festzuhalten. All das emanzipierte Getue enttarnt sie als Lüge. »In Wirklichkeit sind wir keine Fische, die ohne Fahrrad auskommen. Wir sind Frauen, die eine traditionelle Familie wollen.« Elizabeth Gilbert, Autorin der Bestseller *Eat, Pray, Love* und *Committed,* sieht das deutlich kritischer: Alles in allem sei die Ehe für Frauen nur von Nachteil. Denn verheiratete Frauen leiden eher als Singles an Depressionen und sind beruflich weniger erfolgreich.

Im Dutzend schwieriger

Es klingt ganz wunderbar und liegt seit Jahren im Trend: die Patchworkfamilie. Sie bringt drei Töchter und den Ballast von zwei gescheiterten Ehen mit, er ist ein kinderloser, munterer Eheneuling mit glänzenden Augen und ganz viel Hoffnung, nach dem Motto: »Es wird schon alles gutgehen.« Tut es aber eben nicht. Mehr als 50 Prozent aller Patchworkfamilien gehen wieder in die Brüche. Überraschend dabei ist: Oft sind es nicht die neuen, kinderlosen Partner, die vor lauter Schreck schnell wieder Reißaus nehmen, sondern gerade diejenigen, die die Kinder mitgebracht haben.

Bleibt zusammen!

Wir kennen die schockierenden Zahlen: 200 000 verheiratete Paare trennen sich jedes Jahr in Deutschland. An die 70 Prozent der Scheidungen werden von den Frauen initiiert. Wieso? Der kompromisslose Feminismus der 70er und 80er Jahre beeinflusste nicht zuletzt auch die Beziehungen. Obwohl die Ehe als Institution später, in den 90er Jahren, zunehmendes Ansehen gewann, sind die Frauen kritisch geblieben und trennen sich schneller. Keine gute Idee, wie eine britische Studie aus York meldet. Ein recht großer Teil der geschiedenen Ehen hätte theoretisch noch Chancen gehabt, denn nicht alle Ehen werden aus Unglück, sondern wegen fehlenden Glaubens an ihren Sinn geschieden. Hinzu kommt, dass eine Scheidung nicht mehr als ein Stigma betrachtet wird und zudem ohne allzu großen Aufwand durchgezogen werden kann. Und wer leidet darunter am meisten? Die Kinder. Die Studie weist nachdrücklich darauf hin, dass Kinder aus geschiedenen Ehen, die in einem Singlehaushalt aufwachsen, durchaus schlechter dran sind als die, die mit beiden (verheirateten!) Elternteilen aufwachsen. Auch das gemeinsame Sorgerecht wird selten ausgeübt.

Nur 10 Prozent der Kinder leben beim Vater, die restlichen Kinder sehen ihre Väter viel zu selten. Für eine sichere, emotional stabile Bindung wären aber mindestens 40 Prozent zusammen verbrachte Zeit notwendig.

Scheiden tut weh

Wie sieht es mit den Geschiedenen aus? Sind die glücklicher? Amerikanische Studien kamen zu dem Ergebnis, dass eine Scheidung für Menschen zwischen Anfang 50 und 60 so gesundheitsschädigend ist, dass sich so mancher späte Single nie wieder von dem Stress erholt. Unfreiwillige ältere Singles schlafen schlechter, ernähren sich ungesünder, bewegen sich weniger, vernachlässigen ihre Freunde und sitzen oft traurig zu Hause. Die Folge: 20 Prozent leiden eher unter Herzkrankheiten, Diabetes und Krebs als kontinuierlich Verheiratete. Der Knaller aber: Diejenigen, die gar nicht erst verheiratet waren, haben viel weniger chronische Probleme mit der Gesundheit als Geschiedene oder Verwitwete. Also entweder ganz oder gar nicht!

Frieden heilt ...

Allein aus Angst vor gesundheitlichen Problemen in einer schlechten Ehe auszuharren, ist jedoch auch keine gute Idee. Jeder weiß, dass keiner jünger, hübscher oder gesünder wird, wenn die Fetzen fliegen und die Tränen fließen! Wie sehr der Körper unter Zank und Streit leidet, zeigte ein Test, der sich mit der Heilung von Wunden befasste. Nach einem Ehestreit dauerte es im Schnitt einen Tag länger, bis Verletzungen am Arm verheilt waren. Wenn die Kämpfe besonders schlimm waren, dauerte es sogar zwei Tage länger.

... Treue auch

Die Liebe ist wie eine Droge, wer verliebt ist, ist nicht ganz klar im Kopf. Das wissen wir inzwischen. Jetzt gibt es den wissenschaftlichen Beweis dafür, dass ein gebrochenes Herz wirklich wehtut und die Menschen krank, ja sogar verrückt machen kann. Natürlich ist der Dopaminspiegel wieder dafür verantwortlich, er sinkt nämlich. Und dadurch kommen wechselweise Wut, Rache, Selbstmordgedanken und Trauergefühle auf. Bis dann irgendwann wieder Ruhe in der Seele einkehrt. Aber weshalb dieses Drama? Es geht mal wieder um die Arterhaltung, um was sonst. Der Neurobiologe Oliver Bosch von der Universität Regensburg und sein Kollege Larry Young vom Yerkes Institute in Atlanta haben für ihre Tests Präriewühlmäuse ausgesucht, recht treue Tierchen. Die Männchen gehen manchmal fremd, kehren abends aber immer brav ins Nest zurück. Dann hielten die Forscher die Mäusedame vom Nest fern und machten folgende Feststellung: Wartet die Frau nicht auf den Casanova, verwandelt sich der treulose Single in ein antriebsloses, depressives Tier. Der Liebeskummer löst ein

Stresshormon aus, das sich sehr unangenehm auswirkt und daher von Mäusen und Menschen möglichst gemieden wird. Und das können sie, indem sie brav zu Hause und treu bleiben.

Eiszeit für Banker

Britische Banker und Broker werden nicht mehr so umworben und mit großzügigen Geschenken überhäuft, wie das früher der Fall war. Mittlerweile gelten sie eher als böse Jungs – sogar privat. In England sind finanzielle Probleme einer der Hauptgründe für Scheidungen und von 13 auf 27 Prozent gestiegen. Traurig für die ruchlosen Geldmacher, schön für die Scheidungsanwälte, die einen regelrechten Trennungs-Boom unter reichen Paaren verzeichnen. Übrigens ist der Januar bekanntlich einer der stärksten Trennungsmonate. Die Krisen, die sich unterm Jahr in mildem Gezänk aufgelöst hatten, weil man sich aus dem Wege gehen konnte, erfahren ihren Höhepunkt an Weihnachten, wo alle Höflichkeitsdämme brechen. Und wenn das diamantenbesetzte Handy dann doch nicht mehr so ohne weiteres an die Dame des Hauses verschenkt werden kann, gilt für sie wohl: No Money, no Love.

Schlaflos zu zweit

Das Gerangel im Schlafzimmer ist bekannt. Er will es kalt, sie warm, er Sex, sie lesen. Sie braucht mehr Schlaf, er hat eine Morgenlatte. 20 Prozent mehr Frauen als Männer werden nachts um den Schlaf gebracht, wachen öfter auf und schlafen nicht mehr ein. Das läge wahrscheinlich daran, dass sie sich mehr Sorgen machten, so die Forscher im Schlaflabor der Universität Wien. Oder liegt es am Schnarchen? Er schnarcht und schläft, sie liegt wach und leidet, möchte aber auf das Gefühl von Geborgenheit und Nähe nicht verzichten.

Dennoch behauptet rund die Hälfte der passionierten Paarschläfer, anscheinend allesamt heimliche Masochisten, zu zweit besser zu schlafen – allen wissenschaftlichen Erkenntnissen zum Trotz. Körperliche Nähe assoziiert Sicherheit und Zusammengehörigkeit. Vielleicht erinnern sich einige Althippies noch daran, dass man in der guten alten WG-Zeit bevorzugt gruppenweise in einem großen Raum auf Schaumgummimatratzen schlief. Entprivatisiert, nannte man das. Schnarcher gab es zuhauf – aber noch lauter waren wohl die Schreie orgiastischer junger Leute beim Sex. Auch heute noch schlafen große Teile der Bevölkerung in Afrika und Asien gemeinschaftlich in Hütten und Zelten, die ihnen Schutz und Wärme bieten. Die Idee des Privatgemachs eines Paares ist relativ neu. Erst im 17. Jahrhundert fanden sich Paare der bürgerlichen Gesellschaften in einem Boudoir wieder. Und der Kampf um die Bettdecke begann …

See you later!

Die optimale Lösung für Schnarcher, Bettdeckenwegreißer, Schlafwandler, Zähneknirscher, Schlafredner und Co. wäre das extra Zimmer, in dem man sich eigens für ein sexuelles Rendezvous trifft, um sich nach genossenem Liebesspiel wieder in das eigene Bett und möglichst auch Zimmer zurückzuziehen. Laut Paarforschern würde ein solches Vorgehen sogar die Lust aufeinander erhöhen – vom erholsamen Schlaf mal ganz abgesehen. Also, ab in die getrennten Betten!

Zu müde

Der Tag war lang, das TV-Programm eher öde, die Augen fallen zu ... aber da war doch noch was? Ach ja, Sex. Aber dafür ist jeder vierte Amerikaner laut einer Studie der National Sleep Foundation viel zu müde. Schlafmangel ist ein so großes Problem, dass selbst die Arbeit und das Familienleben nicht mehr richtig funktionieren. An der Studie nahmen 1007 Personen verschiedener ethnischer Gruppen zwischen 25 und 60 Jahren teil, deren jeweilige Schlafgewohnheiten untersucht wurden. Hier die bestürzenden Ergebnisse: Jeder zehnte Weiße leidet an Schlaflosigkeit, jeder siebte Afro-Amerikaner leidet unter Atemstillstand, und jeden dritten Lateinamerikaner halten die Sorgen wegen Geld, Beruf oder Liebe noch lange wach. Am besten schlafen die Asiaten, von denen über zwei Drittel angaben, wunderbar erholsame Nächte zu haben. Sie trinken jedoch auch weniger Alkohol und sehen weniger fern, bevor sie schlafen gehen. Und – vielleicht haben sich getrennte Schlafzimmer dort längst durchgesetzt – sie schlafen eher allein.

Sex und sonst gar nichts

Sex hat so viele verschiedene Gesichter wie die Menschen, die ihn haben. Es gibt atemberaubend lustvollen Sex, miesen Sex, harten Sex und lustigen Sex, Einsamkeits- und Pflichtsex, langweiligen Sex, aufregenden Sex, Sex, an den man gern zurückdenkt, und Sex, den man am liebsten nie gehabt hätte.

Fakt ist aber, ganz gleich um welche Variante es sich handelt: Sex sells, Sex – neben Geld – regiert die Welt. Auch wenn das bis vor 50 Jahren noch nicht so offensichtlich war. Der amerikanische »Kinsey-Report« (1948), die erste umfassende Studie über Sexualität, verursachte mit seinen Enthüllungen darüber, wie, wo, warum, mit wem und wie oft man Sex hat – inklusive Tabus wie Homosexualität und Masturbation –, einen Skandal bei den prüden Amerikanern. Frauen kamen in dieser Studie jedoch kaum zu Wort. Deshalb machte sich Dekaden später die Amerikanerin Shere Hite auf den Weg durchs Land und sprach mit Frauen über deren sexuelle Wünsche und Vorlieben. Ergebnis dieser Gespräche war der »Hite Report« (1977), ein weltweiter Bestseller und ebenfalls ein Skandal in Amerika. Wie bitte? Frauen empfanden Lust, masturbierten, wollten nicht immer treu sein? Deutschland hatte ab 1968 seinen eigenen Sex-Guru Oswald Kolle, der unter die Bettdecken schaute und den Mief sexueller Verklemmung ausschütteln wollte. Erste Umfragen wurden durchgeführt. Der Umgang mit Sexualität änderte sich in Deutschland allmählich. Die Moral wurde lockerer, man war endlich aufgeklärt. Die Neugier aber ist geblieben.

Denn faszinierend und geheimnisumwoben bleiben sie trotzdem, Phänomene wie Erotik, Lust und Verlangen, daran ändern auch wissenschaftliche Erkenntnisse und zahllose Studien nichts. Vielmehr reflektieren diese die gesellschaftlichen Anforderungen an das Sexualverhalten. Besonders bei Umfragen zu den Themen Sex und Potenz schwindeln Männer gerne. Sie neigen zur Übertreibung, während Frauen eher untertreiben. Interessant und amüsant sind die Studien aber allemal. Oft auch logisch. So auch die folgende.

Hausarbeit macht sexy

Das Leben besteht aus Deals. Eine Studie der Riverside-Universität in Kalifornien hat sozusagen die Wurstscheibe vor der Nase des Hundes für notorisch putzunwillige Männer gefunden: Hausarbeit! Staubsaugende Männer haben tatsächlich mehr Sex. Weil Frauen so rasend glücklich darüber sind, dass *er* sich auch einmal engagierter für die häusliche Sauberkeit einsetzt, werden Männer von ihren Partnerinnen dafür mit mehr und besserem Sex belohnt. Je williger sich ein Mann an der Hausarbeit beteiligt, stellten die Psychologen fest, umso stärker fühlt sich seine Frau sexuell von ihm angezogen. Also, reich mal das Wischtuch, Darling! Auch Kochtopf und Klobürste in Männerhänden wirken sexy und anregend. Und schon findet man(n) sich wild küssend auf dem – sauberen – Teppich wieder.

Richtig saugen

Es gibt jedoch auch eine etwas andere Kombination von Sex und Sauberkeit, die wiederum eine allzu große Vorliebe fürs Haushaltsgerät verrät. So wurde ein polnischer Bauarbeiter in London in einem unbeobachtet geglaubten Moment von Mitarbeitern einer Wachfirma beim Masturbieren mittels eines Staubsaugers ertappt. Der gute Mann, nackt und kniend, behauptete, dass lustvolle Staubsaugerspiele in seiner Heimat gang und gäbe wären. Das nützliche Teil war übrigens ein Hoover.

Glück des Mittelmaßes

Es muss einmal gesagt werden, auch wenn wahrscheinlich kaum einer darüber nachdenkt: Wer jeden Tag Sex hat, ist nicht nur ein Sexsklave, sondern spielt mit seiner Gesundheit. Wissenschaftler der Wilkes-Universität in Pennsylvania fanden heraus: Zu viel Sex (dreimal und mehr pro Woche) ist ungesund. Seltener Sex (weniger als einmal pro Woche) aber auch. Ja, was ist denn nun verdammt noch mal richtig? Ein- bis zweimal pro Woche soll gut fürs Immunsystem sein. Notiz ans Forschungsteam: Gibt es wirklich Menschen, die Sex allein aus Gesundheitsgründen haben? Dann aber bitte auch Sex auf Rezept für alle.

Sex als Fehler

Die Tatsache, dass auch Frauen fremdgehen und schnellen Sex mit einem Fremden schätzen, schockiert immer noch. Aber so richtig wohl ist ihnen selbst, zumindest den Engländerinnen, noch immer nicht dabei. Laut einer britischen Studie bedauert jede zweite Frau ihren One-Night-Stand. Während 80 Prozent der Männer die schnelle Nummer moralisch völlig unbedenklich und auch völlig befriedigend fanden und als offenbar erfolgreiche Aufreißer mit ihren sexuellen Abenteuern prahlten, teilten nur 54 Prozent der Frauen diese Ansicht – und übten sich in vornehmer Zurückhaltung.

Sexweltmeister

Vielleicht liegt es am olympischen Geist, vielleicht an der Arbeitslosigkeit, an den Schulden oder am griechischen Wein. Jedenfalls besagt die Studie eines Kondomfabrikanten, dass die Griechen im Jahr 2008 weltweit am häufigsten Sex hatten. Und zwar 164 Mal pro Jahr. Damit haben sie die Franzosen entthront, die 2002 noch als eifrigste Liebhaber (167 Mal Sex pro Jahr) galten. Platz zwei belegten die Niederländer, gefolgt von Dänen und Deutschen. Die Schlusslichter waren Thailand und Japan mit müden 45 Mal Sex pro Jahr. Kein Wunder also, dass die Geburtenrate in Japan auf ein Rekordtief von durchschnittlich 1,26 Kindern pro Frau sank. Für die Studie wurden übrigens ausschließlich Männer befragt.

Größenwahn

Weil Männer ihre Penisgröße konstant überschätzen, fordern US-Wissenschaftler, die Größenangaben auf Kondompackungen zu ändern. Anscheinend kauft sich der Großteil der Männer Präservative grundsätzlich zu groß, mit verheerenden Folgen hinsichtlich des Schutzes, denn die Gummis rutschen, reißen oder werden einfach abgestreift, weil sie stören. Die Wissenschaftler fordern Größenangaben wie »mittel« oder »klein« daher komplett wegzulassen und Kondome schon ab der kleinsten Größe mit »groß« zu bezeichnen. Auf diesem Wege würden Männer sich leichter dazu hinreißen lassen, Kondome zu kaufen, die ihnen auch passen.

Genuss des Geldes

Eine amerikanische Studie will beweisen, dass gut verdienende Frauen häufiger in den Genuss von oralem Sex kommen als weniger gut verdienende. Die meisten Frauen behaupten ja, dass 95 Prozent aller Männer sie nur dann oral befriedigen, wenn Frau sie extra darum bittet. Da anzunehmen ist, dass Großverdienerinnen generell selbstbewusster auftreten, können sie auch im Bett alles Mögliche fordern, ohne rot zu werden. Erstaunlich, dass Karrieristinnen diesmal nicht als bedrohlich eingestuft werden, sondern als Gewinnerinnen, die sozusagen auch mal was für ihr Geld bekommen, ohne selbst dafür zahlen zu müssen.

Brain-Sex

Geld verhilft zwar zu oralem Sex, Bildung ist jedoch wirkungsvoller, besagt eine Studie aus Boston. Wenn beide Elternteile berufstätig sind, sich als gleichberechtigt empfinden und eine offene und tolerante Einstellung zum Leben haben, läuft es im Bett sehr viel besser als bei sehr traditionell ausgerichteten Familien, die mehr Stresssymptome zeigen und stärker zu Depressionen neigen. Aufgeschlossene Eltern haben aber nicht nur besseren Sex, ihre Kinder entwickeln auch eher ein soziales Gewissen. Laut einer weiteren amerikanischen Studie ist das Sexleben von gebildeten Paaren auch erfindungsreicher, wenn die Partner eine abgeschlossene Hochschulausbildung haben. Da erwartet sie ihn schon mal in rote Reizwäsche gehüllt oder in Leder-Catsuit im Schlafzimmer.

Reich macht heiß

Zwischen Spaß im Bett und Bankkonto besteht offenbar eine Verbindung. Das sehen auch Forscher von der Universität Newcastle so, die die Daten einer Umfrage unter 1500 Frauen in China auswerteten: Mit dem Einkommen des Partners stieg auch die Häufigkeit, mit der Frauen einen Orgasmus erlebten. Ob nun aber reiche Partner mehr Lust bereiten oder besonders erregbare Frauen eher wohlhabende Partner wählen, konnte nicht geklärt werden. Ein chinesisches Phänomen? Keineswegs.

Gelegenheit schafft Liebe

Wie eng Geld und Sex miteinander verbunden sind, zeigt auch eine amerikanische Studie, nach der Menschen, die viel arbeiten, auch mehr Sex haben. Dazu passt im Umkehrschluss, was wiederum andere Wissenschaftler herausfanden: dass Menschen mit einem erfüllten Liebesleben mehr Geld verdienen als jene, die Sex eher als uninspirierende Pflichtübung sehen. Klar, sie arbeiten ja auch mehr – siehe oben. Aber wie ist nun jene Studie zu verstehen, die uns ein ganz anderes Ergebnis präsentiert, und zwar, dass Arbeitslose dreimal mehr Sex haben als Leute, die arbeiten gehen? Na klar, doch! Irgendwie muss man ja die Zeit totschlagen.

Querbett

Man ist jung, die Hormone toben, man probiert sich aus und hat viel Sex mit vielen Partnern – ohne auch nur einen Hintergedanken an eine feste Beziehung zu verschwenden. Unsere Moralapostel, und solche gibt es ja immer, warnen dann mit erhobenem Zeigefinger vor Geschlechtskrankheiten, unerwünschter Schwangerschaft (mit Recht) sowie vor Alkoholismus und Depression (Blödsinn). Forscher der Universität von Minnesota untersuchten 1311 sexuell aktive 18- bis 24-Jährige und fanden heraus, dass die fröhlich durcheinander vögelnden jungen Leute im Vergleich zu braven jungen Paaren keinerlei psychische Schäden davontrugen. Eine britische Studie behauptete zwar, dass Frauen etwas gegen zwanglosen Sex haben, aber tatsächlich verriet dieses Ergebnis etwas viel Wichtigeres: Frauen haben etwas gegen *schlechten* zwanglosen Sex und sagen deshalb öfter nein.

Lustlos

»Schatz, ich habe Kopfschmerzen!«, das hört man doch nur von frustrierten Ehefrauen. Eine groß angelegte Studie des British Columbia Center for Sexual Medicine in Vancouver besagt aber, dass 30 Prozent aller jungen und mittelalten Frauen längere Phasen mit sehr geringer oder ohne Lust auf Sex erleben. 45 Prozent der Frauen hatten weniger sexuelles Interesse nach den Wechseljahren. Sie zeigt außerdem, dass das sexuelle Verlangen während langjähriger Beziehungen bei Frauen stärker nachlässt als bei Männern. In einer Studie, in der Frauen Pornos vorgespielt wurden, reagierten sie immer nur rein körperlich, ohne dabei große Begierde zu empfinden. Dabei zeigte es sich auch, dass sexuelle Fantasien bei Frauen weniger stark ausgeprägt sind als bei Männern.

Blowjobs

»Oralsex ist die mündliche Liebeserklärung ohne Worte« – so kann Mann das Bedürfnis, einen geblasen bekommen zu wollen, auch beschreiben. Doch es scheint, als gebrauchten Deutschlands Frauen nur allzu selten ihre Lippen für diese ganz besondere – und scheinbar sehr beliebte – Art der Kommunikation. Denn eine Studie vermeldet, dass deutsche Männer es gerne etwas öfter oral hätten. (Wie beliebt der Dienst am kleinen Mann ist, haben wir seinerzeit bei Bill Clinton und seiner Monica gesehen.) Hier könnten gestandene Frauen von ihren Töchtern lernen: Denn immer mehr 13-Jährige scheinen weniger in der großen Pause nach Kinderschokolade als auf dem Schulklo beherzt nach kleinen Penissen zu greifen und ihnen einen ziemlich professionellen Blowjob zu verpassen.

Alles Porno oder was?

Wenn erst mal diese Hemmschwellen überwunden sind, überrascht es nicht, dass immer mehr Frauen Spaß daran haben, sich öffentlich beim Sex zu zeigen und selbst Pornografie anzuschauen. Eine Studie aus Island zeigt, dass inzwischen nicht nur 96 Prozent der Jungen zwischen 14 und 18 Jahren Pornos anschauen, sondern Mädchen mit 89 Prozent rasant aufgeholt haben. Zu sehen sind die jugendlichen Pornostars auf der Website YouPorn. Willkommen beim Porno-Pop!

Sex ist schlecht!

In 94 Prozent der texanischen Schulen wird sexuelle Enthaltsamkeit als einzige Art gelehrt, nicht schwanger zu werden und unliebsame Gedanken und Gelüste in den Griff zu kriegen. Zudem fand man heraus, dass das benutzte Lehrmaterial bewusst falsche Informationen über Empfängnisverhütung und Geschlechtskrankheiten enthält. Wen wundert da noch das Gerücht, dass Texaner dauernd Sex mit ihren Kühen haben?

Gefährliche Lust?

Aber verleitet Pornografie wirklich zu Gewalt? Oder ist Porno ein Sicherheitsventil, das gefährliche sexuelle Fantasien in Schach halten kann? Deutsche Sexualwissenschaftler kommen zu dem Schluss, dass Pornografie nur einer von vielen Faktoren ist, die sexuelle Gewalt provozieren können. Nackte Frauen auf Titelblättern und H&M-Bikini-Schönheiten auf den Plakaten an Bushaltestellen lösen wohl keine Aggressionen gegen Frauen aus. Es ist die Kombination aus Erniedrigung von Frauen und Gewaltverherrlichung, die abstumpft. Gefährlich ist auch das Viertel aller Männer, das durch pornografische Bilder von Kindern sexuell stimuliert wird.

Die Vermessung von Sex

Was Frauen an Männern und umgekehrt Männer an Frauen sexy und attraktiv finden, wird immer wieder aufs Neue untersucht. Und hier ist ein weiterer Beitrag – für den Fall, dass Frauen Lust haben, mit dem Zollstock auf Männerfang zu gehen. Zwei Wissenschaftler der University at Albany in New York entdeckten, dass Frauen das Gesicht eines Mannes mit langem Oberkörper attraktiver fanden als das des eher gedrungenen Typs. Außerdem lieben die an einer Ehe interessierten Frauen schmale Handgelenke, weil sie darin eine Bereitschaft für lange Beziehungen erkennen. Breite Schultern hingegen versprechen, »offen für Sex ohne Liebe« zu sein. Die Schmalschultrigen erschienen den Frauen zwar »attraktiv«, jedoch nicht sexy.

Sexy Träume

Viele Menschen träumen von Sex, aber manche *haben* ihn sogar, wenn sie schlafen! Das behauptet eine kanadische Studie, die in einem Sleep Center durchgeführt wurde. Forscher studierten die Krankenakten von 832 Patienten mit Schlafstörungen und fanden dabei heraus, dass 7,6 Prozent angaben, entweder wirklich Sex zu haben oder auf andere Art und Weise (wie Masturbation) sexuell aktiv gewesen zu sein, während sie schliefen. Es wird vermutet, dass die sexuellen Episoden nah verwandt mit dem Schlafwandeln sind. Dieses Phänomen hat auch einen interessanten Namen: Sexsomnia. Eine Wissenschaftlerin des Schlaflabors sagte zwar, dass alles, was einen nachts vom Schlafen abhält, schlecht ist, aber vielleicht sehen das die Sexsomniasten ja anders …

Hilfe, wo ist mein G-Punkt?

Er ist vielbesprochen und so schwer zu finden wie Atlantis oder das Bermudadreieck. Doch jetzt kann die Suche nach dem G-Punkt, der angeblich irgendwo in der Vagina versteckt ist und rasende Lust bescheren soll, wenn man ihn nur richtig berührt, aufgegeben werden. Britischen Forschern zufolge ist und bleibt er ein Mythos: Sie fragten 1804 Frauen zwischen 23 und 83, alles ein- oder zweieiige Zwillinge, danach, ob sie einen G-Punkt hätten und wo dieser sich denn befände. Man erwartete, dass besonders die eineiigen Zwillinge, da mit den gleichen Genen ausgestattet, auch gleiche Antworten geben würden. Taten sie aber nicht. Genauso wenig wie die zweieiigen. Trotzdem bestanden alles in allem 56 Prozent der Frauen darauf, irgendwo einen G-Punkt zu besitzen.

Affengeil

»Was, zum Teufel, wollen die Frauen?«, fragen sich verzweifelte Männer seit jeher. Die Antwort: irgendwie alles. Daher überrascht auch folgende wissenschaftliche Entdeckung aus Amerika eigentlich nicht. Studienteilnehmern wurden zahlreiche Situationen gezeigt, in denen lesbische, schwule und heterosexuelle Paare sowie Affen Sex hatten. Frauen reagierten dabei, außer auf die schwulen Sexszenen, auf fast alles mit Erregung. Am stärksten jedoch auf masturbierende Frauen und die kopulierenden Affen.

Glückssucher

Jeder will es. Jeder braucht es. Jeder sucht es. Das Glück. Oder zumindest ein Stückchen davon. Und doch entschlüpft es uns allen immer wieder. Jeden Tag. Oft glaubt man, es endlich gepackt, gepachtet oder überlistet zu haben, und versucht, es zum Bleiben zu zwingen, indem man es ganz festhält – oder gar kaufen will. In Form von Luxusgütern, neuen Autos oder Häusern, künstlicher (operierter) Schönheit oder schlauen Glücksratgebern. Also zerbrechen sich in diesen schwierigen Glücksgräberzeiten sehr viele Leute den Kopf über Inhalt und Form des Glücks. Aber das Glück ist nun einmal eine sehr individuelle und mysteriöse Sache, deren Formel man trotzdem verzweifelt zu berechnen versucht. Wie? Mit Studien natürlich. Macht Geld glücklich? Nein, sagt die Mehrheit. Oder der richtige Partner? Schon eher. Gesundheit? Ja! Viel Sex? Kommt ganz darauf an, wen man fragt. Glücklich zu sein, ist eine wichtige und anstrengende Verpflichtung geworden. Besonders in Amerika, wo man nach wie vor die meisten Glücksstudien betreibt. Aber sind die Menschen heutzutage wirklich unglücklicher als noch vor 20 Jahren? Oder haben wir nur einfach tausend Gründe mehr erforscht, die unserem Glück im Wege stehen? Früher lechzten die Menschen nicht nach dem permanenten Glücksgefühl. »Unglücklich darüber zu sein, dass man nicht glücklich ist, ist eine moderne Erfindung«, erklärt ein Geschichtsprofessor von der Florida State University. »Wir können uns nicht ununterbrochen gut fühlen – und sollten es auch nicht.«

Achterbahn des Glücks

Das Glück kommt und geht für Frauen und Männer, je nachdem, wie alt sie sind. 80 Prozent der über 1000 Frauen unter 30, die im Auftrag der Zeitschrift *Brigitte* befragt wurden, empfanden das Leben als schön und bezeichneten sich als sehr zufrieden. Amerikanische Studien professioneller Glücksforscher (ja, die gibt es), die im *Journal of Happiness Studies* erschienen, zeigen ähnliche Resultate. Frauen zwischen 20 und 30 haben ihr Leben im Griff und mögen es, die Männer hingegen sind unzufriedener und empfinden ihr Leben als etwas durcheinander, mit zirka 41 Jahren sind sie dann jedoch zufriedener als die Frauen, weil sie »es geschafft haben« und ihre Karriere sich stabilisiert hat. Mit 48 Jahren überflügelt das »starke« das »schwache« Geschlecht auch in puncto Gesamtzufriedenheit. Zwischen 30 und 60 zeigt sich oft ein Knick in der Zufriedenheitskurve. Die wichtigen Entscheidungen sind getroffen, und wenn diese nicht glücklich machen, setzt Frustration ein – außer, man bricht aus. Die schlechtesten Karten haben dann weniger gut situierte, alleinerziehende Mütter mit Kindern unter 16 Jahren. Generell geht man jedoch davon aus, dass Glück bei Frauen weniger vom Alter abhängig ist als bei Männern. Vielleicht, weil Frauen sich, selbst wenn sie erfolgreich sind, als Person nicht ausschließlich über ihre Karriere definieren?

Reden ist Gold

Reden ist Silber, Schweigen ist Gold. So lautet das alte, vielzitierte Sprichwort. Stimmt oft, aber nun kann es widerlegt werden. Reden macht glücklich. Die Studie eines Psychologen an der University of Arizona entdeckte einen Zusammenhang zwischen Wohlbefinden und täglichen Sprechgewohnheiten. 79 Studenten, davon 32 Männer und 47 Frauen, trugen vier Tage lang ein Mikrofon bei sich, das alle 12,5 Minuten ihre Gespräche aufzeichnete.

Das Ergebnis: Nicht oberflächlicher Tratsch und Klatsch machen glücklich. 45,9 Prozent der Studenten, die sich als glücklich empfanden, hatten täglich intensive, anspruchsvolle Gespräche über aktuelle und persönliche Themen. Von den unglücklichen Studenten führten nur 21,8 Prozent substanzielle Gespräche. Es kommt also nicht auf das Wieviel an, sondern auf die Qualität. Und obwohl bekanntlich Frauen am Tag zehnmal so viele Worte verlieren wie Männer, scheinen ihre Gespräche dabei auch tatsächlich tiefgründiger zu sein.

Alles Scheiße, oder?

Über alles und jeden meckern sie – die blöde Kassiererin, die ungezogenen Kinder der Freundin, den hochgewachsenen Fettkloß, der im Kino vor ihnen sitzt. Tatsächlich aber verraten diese notorisch unzufriedenen Zeitgenossen mit ihrem Gerede mehr über sich selbst als über ihre Umwelt, denn wie positiv – oder auch negativ – jemand andere Menschen einschätzt, zeigt, wie glücklich er selbst ist. Laut einer Studie der Wake Forest University in Winston-Salem (US-Bundesstaat North Carolina), bei der die Teilnehmer positive und negative Eigenschaften dreier Personen aufzählen mussten, waren positiv urteilende Menschen häufig glücklich, gutmütig und emotional stabil. Wer sich hingegen eher negativ über andere äußert, hat mit hoher Wahrscheinlichkeit selbst einen Hang zu Narzismus und unsozialem Verhalten. Negative Klatschmäuler mögen das letzte Wort haben, sie ziehen trotzdem den Kürzeren. Denn wer sein Umfeld schlechtmacht, muss auch um seine Gesundheit fürchten. Miesepeter haben ein höheres Risiko, an Depressionen und verschiedenen Persönlichkeitsstörungen zu erkranken.

Männerglück

29 Prozent aller Männer betrachten Gesundheit als wichtigste Voraussetzung für ein glückliches Leben. Auf Platz zwei folgt das harmonische Familienleben (25 Prozent) und auf Platz drei mit 23 Prozent schließlich die gute Paarbeziehung. Ein befriedigendes Sexleben dagegen landet weit abgeschlagen mit zwei Prozent auf dem letzten Platz. Also sind sie doch ganz normal-bürgerlich in ihrer Glücksdefinition, die Männer. Prestige, dichtes Haar und eine steile Karriere sind auch für sie nicht die Zutaten fürs wahre Glück.

Teenielaunen

Wer sie zu Hause hat, stöhnt und möchte am liebsten ausziehen, wer sie kennt, rückt ihnen lieber nicht zu dicht auf die Pelle: Teenager, die übellaunigen pubertierenden Dauermeckerer, die anscheinend nichts erfreuen kann. Studien beweisen, dass junge Leute tatsächlich öfter negativ denken und eine miesere Laune haben als ältere Menschen. Wissenschaftler des Berliner Max-Planck-Instituts für Bildungsforschung stießen dabei auf eine überraschende Ursache: Die Jugendlichen wollen ganz bewusst negativ und muffig sein – und zwar so heftig wie möglich. Hormone spielen dabei viel weniger eine Rolle, als bisher von der Wissenschaft angenommen wurde. Jugendliche betrachten ihre zur Schau getragene Verdrossenheit vielmehr als Versuch, sich von den Erwachsenen abzugrenzen und emotional unabhängig zu werden. Die gute Nachricht: dass diese Entwicklung spätestens nach dem 20. Lebensjahr nachweislich als abgeschlossen gilt. Und es wird immer besser. Insbesondere Menschen über 60 Jahren, sind laut Studien im Alltag zufriedener und fühlen sich emotional ausgeglichener als die ganz Jungen.

Glücksvirus

Wir ahnten es ja bereits: Glück ist ansteckend. Das *British Medical Journal* berichtet, dass bereits ein einziger glücklicher Freund die Chance, selbst auch glücklich zu werden, um 25 Prozent erhöht.

Glückskäufe

Geld an sich macht nicht glücklich, schon klar. Aber unglücklich macht es auch nicht. Man muss nur wissen, wofür man es ausgibt, damit es echtes Glück und Wohlbefinden spendet. Damit ist aber nicht gemeint, dass High-Tech-Spielereien ein breiteres Lächeln als Luxus-High Heels ins Gesicht zaubern. Vielmehr haben Psychologen der Harvard-Universität und der Universität von Virginia bei einer Studie herausgefunden, dass Geldausgaben für persönlich bereichernde und interessante Sachen, wie Konzertbesuche, Reisen, Tangounterricht, Golfspielen etc., einen länger glücklich machen als zum Beispiel der Kauf einer neuen Espressomaschine. Besonders interessant ist das Resultat einer Studie des National Institute on Aging zu diesem Thema. Ein Professor verglich und berechnete Glücksgefühle, die man durch Konsum erleben kann, mit dem Glück in einer Ehe. Eine Mehrausgabe von 20 000 Dollar für Freizeitbeschäftigung entsprach ungefähr dem Glückslevel einer guten Ehe (basierend auf Studienergebnissen, nach denen Heirat generell glücklich macht). Es hat den Anschein, dass Heiraten dann doch billiger kommt …

Geografie des Glücks

New York hat wirklich kein Glück. Die Welt liebt zwar diese laute, teure, hippe und aufregende Stadt, die niemals schläft, doch wenn es um Lebensqualität geht, schneidet New York schlecht ab: In der Metropole und dem gleichnamigen Bundesstaat leben die unglücklichsten Amerikaner. Eine Umfrage gigantischen Ausmaßes unter 1,3 Millionen US-Bürgern ergab, dass New York von allen Staaten Amerikas auf dem letzten Platz landete, knapp hinter Connecticut und New Jersey. Auch das strahlend sonnige Kalifornien lag weit hinten, und zwar an 46. Stelle. Für die Auswertung relevant waren Umwelt, Bildung, Kriminalität und das Wetter. Die ersten Plätze belegten Louisiana, Hawaii, Montana, South Carolina, Alabama und Maine – alles Staaten, in denen viel Platz und Natur ist.

Make love, not war

Welche Nation ist denn nun aber am glücklichsten? Die mit dem höchsten Bruttoinlandsprodukt, dem schönsten Wetter, dem besten Fußball, den attraktivsten Frauen? Fragen wir doch die World Database of Happiness – die gibt es tatsächlich. Dort wird das Glück untersucht und gemessen wie ein neugeborenes Tier im Zoo. Ein dänischer Soziologe erzielte mithilfe umfangreicher Umfragen in 148 Ländern ein interessantes Resultat: Costa Rica ist die glücklichste Nation der ganzen Welt. An zweiter Stelle kommt Dänemark, ziemlich weit abgeschlagen, an 20. Stelle, hinken die »Proud to be an American«-USA hinterher. Das Schlusslicht bildet Zimbabwe. Warum nun gerade Costa Rica? Es ist eins der wenigen Länder, das die Armee abgeschafft hat.

Glücklos glücklich

Zu guter Letzt nun eine Entdeckung, die den rastlosen Glückspiraten überraschen wird. Der amerikanische Psychiater George Vaillant fand heraus, dass es, um ein gelungenes Leben zu führen, nicht um Glücklichsein oder Glückhaben geht. Seit Jahrzehnten untersucht er das Leben von 268 ehemaligen Harvard-Absolventen, die seit 1937 von Forschern der Harvard-Universität durch Krieg- und Friedenszeiten, Karriere und Krankheiten, Hochzeiten und Scheidungen bis heute beobachtet wurden (einer davon war Präsident John F. Kennedy). Er kam zu dem Ergebnis, dass die wichtigste Voraussetzung für ein ausgefülltes Leben die Bindungen an Menschen sind. Und zwar nicht nur diejenigen an geliebte Partner, Eltern und Kinder, es geht vielmehr um ein allgemein empathisches Gefühl für Menschen generell. Die Kriterien für ein erfülltes Leben wurden wie folgt definiert: Menschen, die alt und dabei gleichzeitig psychisch und körperlich weitestgehend gesund und zufrieden mit sich selbst sind. Allerdings wurde die Altersfrage auch relativiert. Der eine hat eine erfüllte, glückliche und großartige Zeit und stirbt mit 40 Jahren. Ein anderer führt ein meist langweiliges, verbittertes Leben, wird aber bei bester Gesundheit älter als 90 Jahre. Die Teilnehmer der Studie waren allesamt männlich. Vielleicht, weil Frauen zu Beginn der Studie als glücklose Wesen galten oder man ihnen den Anspruch auf Glück einfach absprach? Letztendlich aber weiß der sich selbst rätselhafte Mensch nicht wirklich, was ihn glücklich macht. Viele verschiedene psychologische Studien haben gezeigt, dass jeder Mensch seinen ganz individuellen Glückslevel hat, der ziemlich beständig ist. Ob nach einem Verlust (wie etwa einer Scheidung) oder einem Gewinn (zum Beispiel einem beruflichen Aufstieg), der »persönliche« Glückslevel pendelt sich wieder in den alten Zustand ein. Der Mensch gewöhnt sich relativ schnell an Armut und Reichtum, an Krieg und Frieden. All das macht ihn gleich unglücklich – oder glücklich, sagt der Psychiater.

Gesundheit! – Fitnesswahn und Fettmacher

Wer viel Geld hat, ist reich. Wer keine Krankheit hat, ist glücklich! Sagt eine Chinesische Weisheit. Heutzutage sind wir alle Gesundheitsfreaks. Schlank und fit wollen wir sein, jung aussehen, ewig leben und nie mehr krank werden. Und tatsächlich, wir leben länger als unsere Eltern und Großeltern, sehen besser aus und treiben mehr Sport als jede Generation vor uns. Wir sind geradezu besessen von Gesundheitsfragen und Fitnesswahn. (Leider gilt das nicht für die neue Generation von dicken Kindern und Jugendlichen, die Bewegung und Diät besonders nötig hätten!) Soll man joggen, oder gehen davon doch die Knie kaputt? Vielleicht lieber Rad fahren, Yogastunden nehmen und Sojamilch trinken? Ist die Hormontherapie für Frauen in den Wechseljahren wirklich Gift? Lässt sich Alzheimer mit Kreuzworträtseln vorbeugen? Es gibt neue, umfangreiche Studien, die sehr vielem widersprechen, woran wir bisher immer geglaubt haben. Körper und Geist werden erbarmungslos studiert, seziert, berechnet und enträtselt. Und wem verdanken wir viele medizinische Entdeckungen? Unseren Freunden, den Ratten! Sie tummeln sich in zahllosen Laboren und müssen für alles herhalten, was sich die respektlosen Zweibeiner in ihrer überentwickelten Birne ausdenken.

Krankes Herz

Herz-Kreislauf-Erkrankungen sind laut Statistischem Bundesamt die häufigsten Todesursachen in Deutschland. 91 Prozent der Betroffenen waren älter als 65, darunter – entgegen der weit verbreiteten Annahme – mehr Frauen als Männer. Herzinfarkte als Folge des modernen Lebens und stressigen Büroalltags? Nein, denn selbst die alten Ägypter hatten es schon am Herzen. Röntgenaufnahmen von Mumien – untersucht von US-Forschern – zeigten, dass die Menschen bereits vor 3500 Jahren unter verhärteten Blutgefäßen litten, die das Risiko für Infarkte und Schlaganfälle erhöhen. Bei drei Mumien fanden die Forscher die typischen Kennzeichen für Arterienverkalkung: Ablagerungen von Fett, Cholesterin, Kalzium und anderen Substanzen an der Innenseite der Gefäße. Alle Toten gehörten, soweit es sich nachvollziehen ließ, der obersten Gesellschaftsschicht im alten Ägypten an und dienten als Pharao, Priester oder Priesterin am Hof. Wir wissen natürlich nicht, was Tutanchamun, Kleopatra und Nofretete alles an ungesunder Kost zu sich genommen haben – aber sie lagen viel herum, die alten Ägypter. Kein Jogging, kein Aerobic, keine Gymnastik!

Sport ist Mord

Marathonläufer gefährden ihr Herz, warnen griechische Mediziner vom Hippokration Hospital in Athen. Verglichen mit einer Kontrollgruppe, die Sport in Maßen betrieb, hatten männliche Marathonläufer zwischen 29 und 47 Jahren, die regelmäßig um die 15 Stunden pro Wochen trainierten, einen deutlich höheren Blutdruck und eine versteifte Hauptschlagader – was als Anzeichen für Gefäßerkrankungen und einen drohenden Herzinfarkt gilt. Zu viel Bewegung kann der Gesundheit also sogar schaden.

Zu Herzen nehmen

Männer verdrängen Eheprobleme, Frauen, die Sensibelchen, nehmen sich Zank und Streit eher zu Herzen. Und das im wahrsten Sinne des Wortes. Studien aus Seattle und Utah zeigen, dass lang anhaltende Ehekonflikte bei Frauen zu Depressionen, erhöhtem Blutdruck, Blutzucker und hohen Cholesterinwerten führen können. Und wenn sie erst erkrankt sind, auf wen können sie dann oft nicht zählen? Auf ihn, natürlich. Wenn Männer krank sind, scharen sich hingebungsvolle, fürsorgliche Frauen um sie, Männer von schwer kranken Frauen hingegen reichen schneller die Scheidung ein. 21 Prozent von ihnen wollten sich innerhalb von sechs Monaten nach so einer tragischen Diagnose scheiden lassen! Erkrankte hingegen *er,* wollten nur drei Prozent der Frauen nicht mehr Krankenschwester spielen.

Heilmittel Freundschaft

Depressionen, Brustkrebs oder nur eine schwere Erkältung? In diesen Fällen sollten Sie nicht sofort den Arzt holen oder den Ehepartner einspannen, sondern Ihre Freunde anrufen. So viele wie möglich. Mehrere Studien der letzten Jahre haben gezeigt, dass Freundschaft einen größeren und positiveren Effekt auf die Gesundheit ausübt als die eigene Familie. Während einer zehn Jahre dauernden australischen Studie mit älteren Menschen stellte sich heraus, dass diejenigen mit vielen Freunden eine 22 Prozent höhere Chance hatten, länger zu leben, als jene mit wenigen Freunden. Selbst Männer profitieren von enger Freundschaft. Sie haben ein niedrigeres Risiko für Herzinfarkte, wenn sie nicht nur die eigene Frau als vertraute Ansprechperson haben. Das Beste aber ist: *Wo* die Freunde wohnen, scheint für ihre stabilisierende Wirkung auf unser Immunsystem relativ egal zu sein. Telefonieren genügt schon.

Schnaps-Diät

Kein Zucker, keine Butter und bloß kein Alkohol! Wer abnehmen will, lässt die Finger von der Flasche, so lautet eine altbekannte goldene Regel. Falsch! Besagt zumindest eine amerikanische Studie. Bostoner Forscher verfolgten über 13 Jahre die Trinkgewohnheiten von fast 20 000 Frauen mit durchschnittlichem Gewicht. 60 Prozent von ihnen tranken mäßig, aber regelmäßig, 40 Prozent gar nicht. Insgesamt 41 Prozent der Frauen nahmen in diesen 13 Jahren deutlich zu bzw. wurden übergewichtig. Doch die Enthaltsamen nahmen dreimal so viel zu wie die moderaten Trinkerinnen. Das heißt, die Gefahr, dicker zu werden, lag um 30 Prozent niedriger, wenn die Frauen täglich ein Gläschen tranken. Schlank, aber beschwipst? Sieht so die Zukunft aus?

Ich will lieber Schokolade ...

Süße Sünde Nummer eins ist ja immer noch die Schokolade, so dass besonders Frauen sie gerne tafelweise verschlingen würden – anstatt Sex zu haben. Ein kalifornischer Ernährungswissenschaftler bestätigt, dass dunkle Schokolade (ab 70 Prozent Kakaoanteil) durch die in ihr enthaltenen Antioxidantien sehr gesund ist, den Blutdruck senkt und die Haut verjüngt. Angeblich soll Schokolade sogar helfen, Hautkrebs und Cellulitis zu verhindern. Gut küssen kann sie dafür allerdings nicht.

Guck mal, was der isst!

Tatort Salatbar. Ein schlanker Mensch lädt sich den ganzen Teller voll. Das machen wir ihm doch gleich nach! Wäre die andere Person jedoch im Vergleich zu uns eher dick, würden wir uns hingegen bemühen, unsere Esslust zu zügeln. Denn das Essverhalten unserer Mitmenschen beeinflusst uns stark, haben kanadische Forscher festgestellt. Je nachdem, ob die von uns beim Essen beobachtete Person zu einer erwünschten Referenzgruppe – also zum Beispiel den besonders schlanken Menschen – gehört, passen wir auch unser Ernährungsverhalten an. Der Mensch ist eben doch ein Herdentier.

Süchtig nach Pommes

Kokain, Crack und Haschisch sind böse Drogen, die eindeutig abhängig machen. Aber zu viel Süßes, Fettes oder Salziges machen nicht weniger süchtig, wie amerikanische Wissenschaftler herausgefunden haben. Kalorienreiches Junkfood verführte Laborratten zu wahren Fressorgien, wodurch ein Mechanismus nachgewiesen werden konnte, der bislang nur von Drogenabhängigen bekannt war. Ab einer bestimmten Menge fraßen die süchtigen Nager wie unter Zwang immer weiter und verschlangen bis zur Erschöpfung Unmengen an Chips, Hamburgern (McRat-Burgern?) und Pommes. Die Lebensmittelindustrie steht ja unter Verdacht, süchtig machende Zusatzstoffe bewusst einzusetzen, um us alle zu Suchtfressern zu machen.

Dickes Kind, armes Kind!

Der Schulhof gleicht heutzutage eher einem Kriegsschauplatz als einem gemütlichen Ort zum Verzehr des Pausenbrotes. Fast jeder wurde einmal zum Opfer von

Hänseleien und Attacken. Ganz besonders schwer haben es laut Studien der University of Michigan die richtig dicken Kids. Sie werden zu 60 Prozent mehr gnadenlos herumgeschubst als schlanke Kinder. Auch die wissenschaftlichen Untersuchungen des sozialen Hintergrunds und bestimmter Eigenschaften, die übergewichtige Kinder möglicherweise besonders angreifbar für Attacken machten, erbrachten keine Lösung des Problems. Egal, ob reich, arm, dumm, hellhäutig oder schwarz, Klassenbeste oder Klassentrottel, übergewichtige Jungen *und* Mädchen kriegten ausnahmslos ihr Fett weg.

Schlanke Eltern, dickes Kind

Mutti knabbert täglich Salat und Energy-Riegel, und auch Vati hält die Kalorien in Schach, aber Timo und Sarah schaufeln Pizza und Popcorn in sich rein. Wie kann das angehen? Ein Professor der amerikanischen Johns-Hopkins-Universität erklärt, dass sich Teenies an Gleichaltrigen orientieren und nicht die Eltern als Vorbild wählen. Das bewies auch eine repräsentative amerikanische Studie, die den Essgewohnheiten von 2291 Eltern zwischen 20 und 65 und 2692 Kindern zwischen zwei und 18 Jahren nachging. Es gab kaum Übereinstimmungen zwischen Eltern und Kindern, was den Konsum von Kohlehydraten und Fetten betraf, wobei Bildung und sozialer Hintergrund der Eltern keine Rolle spielten. Und je älter die Kinder waren, desto mehr entfernten sie sich vom Ernährungsideal der Eltern. Allerdings fiel auf, dass die Sprösslinge, wenn überhaupt, eher die Essgewohnheiten der Mutter übernahmen als diejenigen des Vaters. Vielleicht, weil sie es ist, die meistens kocht?

Moppel-Mädchen

Deutsche Mädchen sind viel zu dick. Im Zuge der alarmierenden Gewichtszunahme Jugendlicher stellte eine Statistik fest, dass sich vor allem immer mehr Mädchen zu viele Pfunde anfressen. Bei ihnen hat sich die Anzahl der Moppel innerhalb von fünf Jahren verdoppelt: Waren 2001 nur 5,5 Prozent der 15-jährigen Mädchen fettleibig, so waren es 2006 bereits elf Prozent. Die Gefahren: frühe Arterienverkalkung, höherer Blutdruck, höheres Diabetes-Risiko. Und die Abteilung »Mode für Schwangere« bei H&M. Aber auch die extrem dünnen Mädchen werden immer mehr ...

Mager-Mädchen

Magermodels auf den Laufstegen leben es auf abschreckende Art und Weise vor. Magersucht, eine ernste psychische Krankheit, ist nach wie vor die gefährlichste aller Essstörungen.

In Deutschland leiden bis zu 600 000 Mädchen zwischen 14 und 18 Jahren darunter. Laut Umfragen findet sich jedes vierte Mädchen in dieser Altersstufe zu dick, aber nur jeder achte Junge.

Schlappe Jungs

Das Herumhängen vorm Computer und die durchschnittlich drei Stunden Fernsehen pro Tag machen aus flinken Jungs träge, blasse Schlappis. In einer britischen Studie wurden 300 Zehnjährige mit geringem Übergewicht bei einem 20-Meter-Lauf im Hinblick auf ihre Fitness getestet. Der gleiche Test wurde zehn Jahre später wiederholt. Ergebnis: Die Kinder des ersten Tests würden bei einem Wettlauf gegen die Kinder des zweiten Tests zu 95 Prozent gewinnen.

Killer-TV

Doch das ist noch lange nicht das Schlimmste am Leben im Sitzen. Denn die Couchpotatos sehen nicht nur schlaff aus, sie sind auch dem Tode geweiht. Eine australische Studie, die im *Journal of the American Heart Association* veröffentlicht wurde, fand heraus, dass TV-Süchtige früher sterben. Und zwar nicht vor Langeweile, wie es angesichts vieler Sendungen ja durchaus möglich sein könnte, sondern weil das Herz nicht mehr mitmacht, wenn der Körper sich kaum noch bewegt. 8800 Personen ab 25 Jahren wurden sechseinhalb Jahre lang beobachtet. Das Ergebnis: Jede Stunde, die täglich vor dem Fernseher verbracht wurde, zog einen Anstieg von 18 Prozent Todesfällen wegen Herzkrankheiten nach sich und erhöhte außerdem die Sterblichkeit um elf Prozent. Bei denjenigen, die täglich vier Stunden oder länger fernsahen, bestand ein um 60 Prozent höheres Risiko, an einer Herz-Kreislauf Erkrankung zu sterben, als bei denen, die zwei Stunden oder weniger vor dem Fernseher saßen. Und zwar unabhängig davon, ob sie darüber hinaus auch noch übergewichtig waren.

Komasäufer

Noch tragischer und alarmierender als die dürren Teenager und kurzatmigen, dicken Kids mit dem unstillbaren Hunger sind die lebensmüden jugendlichen Trinker. Nicht nur, dass die Zahl der Teenager, die sich systematisch ins Koma trinken, zunimmt. Selbst eine schwere Alkoholvergiftung und ein Klinikaufenthalt wirken kaum mehr abschreckend. 83 Prozent der 14- bis 20-Jährigen gaben zwar an, dass sie nach der Entlassung weniger trinken würden. Tatsächlich aber griffen sie noch häufiger zur Flasche und konsumierten weit mehr Alkohol als Jugendliche ohne Komaerfahrung. Aber nicht nur Jungen sind betroffen. Gerechnet auf 10 000 Eingelieferte kamen 2009 37 Mädchen mindestens einmal wegen einer Alkoholvergiftung ins Krankenhaus, 2002 waren es noch 18. Jungen werden am häufigsten mit 17, Mädchen mit 16 Jahren ins Krankenhaus eingeliefert.

Nie verkehrt – das Nickerchen

Viele Menschen verschwinden unauffällig des Nachmittags für ein halbes Stündchen – um ein Nickerchen zu halten. Gute Idee, denn ein Schläfchen erfrischt die Gehirnzellen. Das stellte eine Studie fest, die 39 junge Erwachsene testete, die in zwei Gruppen eingeteilt wurden. Alle mussten sich bis mittags 100 Gesichter und dazugehörige Namen merken, und dann nach 18 Uhr noch mal 100 andere. 20 der Testpersonen durften zwischendurch 90 Minuten lang schlafen, und siehe da, deren Ergebnis war 10 Prozent besser. Die Nichtschläfer schnitten in der zweiten Runde um zehn Prozent schlechter ab. Ein Psychologieprofessor der Berkeley-University in Kalifornien erklärt, dass das Gehirn durch Schlaf so für das Lernen präpariert wird, dass es neue Informationen aufnehmen kann. Manche machen jedoch nur ein Nickerchen, weil es auch sonst so herrlich guttut ...

Bewegung!

Wer nicht als klapprige, steife Oma mit Osteoporose und knirschenden Knien enden will, muss bereits als Teenager etwas mehr tun, als nur shoppen zu gehen. Eine Studie des Sunnybrook Health Sciences Center in Toronto untersuchte die Daten von 9395 Frauen ab 65 Jahren und deren Angaben, wie lange und wie intensiv sie sich in jungen Jahren und später mit dreißig, fünfzig und älter körperlich betätigt hatten. Wer zeit seines Lebens immer aktiv gewesen war, hatte generell ein niedriges Risiko für gesundheitliche Probleme, wer sich jedoch als Teenager sportlich betätigte, ist als älterer Mensch sogar nur zu 8,5 Prozent in seiner Beweglichkeit eingeschränkt. Im Gegensatz zu den 16,7 Prozent derjenigen, die sich als Jugendliche wenig bewegt hatten. Alles in allem haben spielende, turnende und rennende Teenager ein 35 Prozent niedrigeres Risiko, an späten Zipperlein zu erkranken.

Alt werden auf Japanisch

Manche Menschen haben fantastische Gene, Glück und gesunde Lebensgewohnheiten, manche sind einfach nur Japaner. Japanische Frauen haben die höchste Lebenserwartung der Welt – und das schon seit 25 Jahren. Laut Studien werden die zierlichen Damen momentan im Schnitt 86,4 Jahre alt, gefolgt von den Frauen in Hong Kong und Frankreich. Die japanischen Männer haben eine durchschnittliche Lebenserwartung von nur 79,5 Jahren und fielen in der globalen Altherrenriege vom vierten auf den fünften Platz. Vor ihnen liegen die Senioren in der Schweiz, Island, Hong Kong und Katar. Gründe für die hohe Alterserwartung in Japan sind natürlich die traditionelle Kost mit viel Fisch, Reis und Gemüse sowie ein relativ hoher Lebensstandard.

Schlank und allein

Ein heißer Tipp für alle Frauen im Schlankheitswahn: Single bleiben! Eine Studie mit 6000 australischen Frauen bewies, dass Frauen mit Kind und Partner mit der Zeit mehr zunehmen als kinderlose Singles (bis auf Nicole Kidman natürlich). Innerhalb von zehn Jahren nahmen Frauen mit dem Durchschnittsgewicht von 63 Kilogramm neun Kilo zu, wenn sie Kind und Partner hatten, sechs Kilo mit Partner, aber ohne Kind, und nur viereinhalb Kilo, wenn sie Single waren. Nachdem es zu keinen metabolischen Veränderungen kommen kann, nur weil ein Mann im Hause ist, wird die Gewichtszunahme auf den sogenannten Wohlfühlfaktor zurückgeführt. Das heißt: Die Pfunde bleiben einfach wegen der gemeinsamen gemütlichen Koch- oder Fernsehabende hängen. Eine andere Studie wies allerdings nach, dass Menschen ein 60 Prozent höheres Risiko haben, dick zu werden, wenn ihre Freunde zunehmen.

Traurige Statistik

Als der Torwart Robert Enke sich 2009 wegen Depressionen das Leben nahm, löste das eine Lawine der Bekenntnisse aus. Man muss diese tückische Krankheit, die häufig wie eine schwarze Dame aus dem Nichts auftaucht und wieder verschwindet, inzwischen als Volkskrankheit bezeichnen. Bittere Erkenntnis: Wirtschaftlicher Wohlstand schützt anscheinend nicht vor Schwermut, dem

Gefühl innerer Leere und Niedergeschlagenheit. Zehn bis zwölf Prozent aller Deutschen leiden mindestens einmal in ihrem Leben an einer Depression. Frauen erkranken häufiger als Männer. Letztere hingegen begehen häufiger Selbstmord als Frauen. Mehr als zehn Prozent der schwer an Depressionen erkrankten Menschen begehen Selbstmord.

Depressions-Hochburg

Die Anzahl der psychisch und depressiv Erkrankten nimmt – vor allem in Hamburg – weiter zu. Denn die Hanseaten wiesen im Jahre 2008 mit 25,8 Prozent psychisch bedingter Erkrankungen überdurchschnittlich viele Fehlzeiten im Job auf. Über ein Viertel der Krankheitstage ging auf die Diagnose »psychische und Verhaltensstörungen« zurück. Auch die Erkrankungen dauern mit 44,5 Tagen länger als im Bundesdurchschnitt, der bei 39,1 Prozent liegt. Seelische Störungen sind in den vergangenen zehn Jahren bundesweit um fast 40 Prozent gestiegen.

Traurige Raucher

Raucher sagen gerne mal, dass ihre 20 besten Freunde in einer Packung Zigaretten zu finden sind. Kein Wunder, dass sie zumindest unter Nichtrauchern keine echten Freunde haben. Das Ergebnis einer Studie der Harvard

Medical School zeigt: 50 Prozent der Menschen mit Depressionen sind Raucher. Bei schizophren oder bipolar Erkrankten erhöht sich die Zahl sogar auf 70 bis 90 Prozent. Ein Grund dafür könnte sein, dass Nikotin die Ausschüttung von Glutamin und Dopamin – den sogenannten Belohnungshormonen – ermöglicht und dadurch die positiven Gefühle entstehen. Und da gerade Menschen mit depressiver Veranlagung auf diesen »Kick« nicht verzichten möchten, wird munter weitergeraucht.

Überführt!

Die pausenlos paffenden Besserwisser, die Rauchen in abgeschlossenen Räumen immer für völlig ungefährlich halten, sollten vielleicht mal ihre eigenen Kippen schlucken. Die amerikanische Stadt Pueblo legte jetzt eine Studie vor, die beweist, dass Passivrauchen tödlich ist. 2003 wurde dort das Rauchen am Arbeitsplatz und in öffentlichen Gebäuden und Kneipen verboten. Und siehe da, bereits drei Jahre später verringerten sich dort die Einlieferungen wegen Herzattacken um 41 Prozent.

Rauchfrei für Struppi

Für die Kinder und Umwelt tun sie's also nicht, aber für ihre geliebten Haustiere sind 28 Prozent von Amerikas Bürgern bereit, sich das Rauchen ganz abzugewöhnen. 19 Prozent würden es zumindest in den eigenen vier Wänden zugunsten von Struppi & Co. sein lassen und dies auch von ihren Gästen verlangen. Denn Hunde, Katzen oder sogar Vögel fühlen sich in verrauchten Zimmern keineswegs tierisch wohl und können Krankheiten wie Lungenkrebs entwickeln. Und wer will schon hustende Sittiche?

No smoke, no stress

Und wo wir uns schon auf die Anti-Raucherseite geschlagen haben: hier ein weiteres verrauchtes Märchen, das jedoch für alle Zeiten im Aschenbecher entsorgt werden muss. Viele Raucher behaupten, dass sie nur deshalb rauchen, weil es sie beruhigt, wenn sie Stress haben. Nebulöse Ausrede. Eine neue Studie der London School of Medicine and Dentistry fand heraus, dass Rauchen gerade den gegenteiligen Effekt von Beruhigung hat, denn es verursacht in Wahrheit noch mehr Langzeitstress, nicht etwa weniger. Der einzige Stress, der durch Rauchen vermindert wird, ist der durch die Entzugserscheinungen zwischen zwei Zigaretten erzeugte.

Durch den Wind

Aus dem Weg, hier rase ich! Angeberische Cabriofahrer riskieren ihr Hörvermögen, warnen amerikanische Hals-Nasen-Ohren-Ärzte. Bei Geschwindigkeiten zwischen 80 und 120 Stundenkilometern entstehen bereits

Geräuschpegel bis zu 99 Dezibel. Bei längeren Fahrten reichen 85 Dezibel schon aus, um das Gehör dauerhaft zu schädigen. Motorradfahrer setzen sich zwar einer noch stärkeren Lärmbelastung aus, werden jedoch erheblich durch ihren Helm geschützt. Also, nicht wundern, wenn männliche Raser anbandeln wollen und auf ein überzeugtes Nein nicht reagieren. Sie sind praktisch taub auf dem Ohr.

Die Milch macht's?

Milch ist was für Babys, nicht für Erwachsene, sagen die einen. Milch ist die Wunderdroge schlechthin und so wichtig und gesund wie Zähneputzen, sagen die anderen. Jeder Deutsche konsumiert im Durchschnitt etwa 85 Kilogramm Frischmilcherzeugnisse pro Jahr – Deutschland liegt damit an der Weltspitze. Laut einer Emnid-Umfrage halten 88 Prozent der Deutschen Milch für ein »unverzichtbares Lebensmittel«. Kein Wunder, denn die Milchindustrie preist unermüdlich die Vorteile des hohen Milchkonsums: Milch liefert Kalium, Magnesium und Jod, fettlösliche Vitamine und mehr Kalzium als jedes andere Lebensmittel. Viel Milch sei also gut für Knochenaufbau, Muskeln und Zähne. Wenn das stimmte, müssten die Deutschen eigentlich die besten Knochen der Welt haben. Doch das Gegenteil ist der Fall: In Ländern wie Japan oder China, wo traditionell wenig bis gar keine Milch getrunken wird, sind die Osteoporoseraten viel niedriger. Vielleicht hat der unvergessliche alte

Werbespruch »Milch macht müde Männer munter« den Milchkonsum in die Höhe getrieben.

Leichtgläubig

Deutsche Frauen glauben offenbar alles, was der Doktor sagt. Laut einer Studie des Max-Planck-Instituts für Bildungsforschung halten sie den Nutzen von Krebs-Vorsorgeuntersuchungen für weitaus größer, als er tatsächlich ist – vor allem, wenn sie ihre Informationen vom Arzt beziehen. Von den 10 000 Befragten aus neun Ländern waren sie im Vergleich mit den Niederländern, Briten oder Franzosen die Leichtgläubigsten, was das Mammographie-Screening betrifft. Nur etwa 0,8 Prozent von ihnen wussten, dass sich durch diesen Test für Früherkennung die Sterbequote an Brustkrebs nur geringfügig reduziert.

Bestzeiten

Schon im Morgendunst keuchen Jogger durch den Park, und man selbst zwingt sich tapfer vor der Arbeit noch ins Fitnessstudio. Weil Sport am Morgen am effektivsten sei. Stimmt so nicht, fanden amerikanische Wissenschaftler heraus. Bei einer Studie zeigte sich, dass der Körper in Bezug auf Kraft, Reaktion und Durchhaltevermögen zwischen 16 und 19 Uhr die höchste Kapazität aufweist. Wahrscheinlich ist das so, weil der Hormonspiegel und die Körpertemperatur um diese Zeit am höchsten sind. Festgestellt wurde aber auch, dass der Körper das tut, wozu er angehalten wird. Man kann ihn ganz einfach bis zu Höchstleistungen trainieren wie einen Muskel, egal um welche Uhrzeit.

Sonnenklar

Wer die Sommer seiner Kindheit in den 50er und 60er Jahren verbracht hat, erinnert sich nicht nur an bunte Blecheimer und Eis am Stil für 20 Pfennig, sondern auch an Sonnenbrände, die Kinder in krebsrote Schreihälse verwandelten. Heute gibt es Sonnenschutzfaktoren bis zu SFP 100. Muss das wirklich sein? Eine Dermatologieprofessorin der Universität Boston erklärt, dass SFP 30 mehr als genug Schutz bietet und alles, was darüber hinausgeht, kaum mehr wirkt. Viel wichtiger sei es, wie viel und wie oft man den Sonnenschutz auf Gesicht und Körper aufträgt. Wer hieran geizt, verliert über 70 Prozent des Schutzes. Irgendwie bleibt doch alles beim Alten: Nie wirklich lange sonnen, gut und häufig eincremen, Sonnenhut und T-Shirt tragen.

Wer bibbert mehr?

Er steht ungerührt im kalten Wind, sie flüchtet zähneklappernd zum Auto. So ist das nun mal. Männer frieren weniger als Frauen, weil sie mehr Muskeln und eine größere Körperoberfläche haben. Aber stimmt das wirklich? Bei einem Test mit 250 Männern und Frauen aller Altersgruppen fanden amerikanische Forscher heraus, dass Frauen mit 36,5 Grad eine generell höhere Körpertemperatur aufwiesen als Männer mit 36,2 Grad. Dafür hatten die Frauen generell um drei Grad kältere Hände als die Männer. Begaben sich beide in kaltes Wasser, hing das Frieren allein von Körpergröße und Gewicht ab, nicht jedoch vom Geschlecht. Größere Frauen frieren also weniger als kleine Männer.

Faltenfreie Migräne

Endlich guten Gewissens zu Botox greifen! Denn es bietet mehr als nur einen erstarrten, leeren Gesichtsausdruck der Marke Barbie. Das Bakteriengift Botulinumtoxin A könnte nämlich auch medizinisch sinnvoll angewendet werden. Sogar übermäßiges Schwitzen konnte man damit bereits behandeln. Nach einer Studie mit fast 1400 Betroffenen besteht jetzt Hoffnung, so die Deutsche Gesellschaft für Neurologie, dass Botoxinjektionen auch gegen chronische Migräne helfen können. Vielleicht hatten die Patientinnen (Frauen leiden zwei Drittel Mal öfter unter Migräne als Männer) aber auch nur Migräne aus Kummer wegen ihrer vielen Falten und waren nach der Botoxbehandlung so beglückt über ihr neues glattes Antlitz, dass sie den Kopfschmerz ganz vergaßen?

Handystrahlung verbessert Mäusehirn

Dauerquassler können sich glücklich schätzen. Forscher der Universität Südflorida stellten nämlich fest, dass die Strahlung von Mobiltelefonen die Gedächtnisleistung verbessert, also möglicherweise vor Alzheimer schützt. Für die Studie bestrahlten die Forscher 96 genetisch veränderte, an Alzheimer erkrankte Labormäuse zweimal pro Tag je eine Stunde lang mit elektromagnetischen Wellen. Mit dem Ergebnis: Der Gedächtnisverlust der kranken Mäuse konnte gestoppt werden. Bei den bestrahlten jüngeren Mäusen nahm die Gedächtnisleistung sogar zu. Die Forscher warnten jedoch davor, Handys als Heilmittel zur Steigerung der Gedächtnisleistung zu benutzen, es fehlen einfach noch mehr Studien. Dazu müssten noch mehr Mäuse dazu bewegt werden, Tag und Nacht am Handy zu hängen. Zum Billigtarif natürlich.

Macht der Musik

Nach einem Artikel der *Deutschen Medizinischen Wochenschrift* zeigt klassische Musik »günstige Effekte bei Ängsten, Depressionen und Erkrankungen des Herz-Kreislauf-Systems.« Sie steigere zudem Konzentration, Gedächtnis, Kreativität und Tatkraft und beeinflusse das Immunsystem positiv. Auch bei Schmerzen, Stress und Schlafstörungen kann sie vielen Menschen Linderung verschaffen. Es muss aber nicht immer Mozart sein. Pop- und Rockmusik haben ebenfalls eine stimmungsaufhellende Wirkung, wie Fachärzte für Innere Medizin und Kardiologie bestätigen. Heavy Metal und Technomusik besitzen jedoch so gut wie keinen therapeutischen Wert. Selbst Pflanzen gedeihen weniger gut, ja, sie gehen sogar manchmal ein, wenn sie ständig The Scorpions und Iron Maiden hören müssen. Aber auch Schlager haben angeblich keinerlei positive Wirkung auf Menschen in Seelennot, ebenso wenig wie Jazz. Schlager seien zu dumm, Jazz zu intellektuell – wird zumindest behauptet.

Jung, schön und sexy bis ins Grab

Umfangreiche Studien über Aussehen und Schönheit sind ein relativ neues Phänomen. Noch nie gab es so viele Unsicherheiten und derartigen Informationsbedarf zu diesen Themen wie heute. Magersucht, Fresssucht, Schönheitsoperationen, Jugendwahn – manchmal scheint es, als sei das Leben zur Bühne der Selbstdarstellung geworden. Einst war es nur ein häufig belächeltes Hollywoodstar-Phänomen. Vor allem Frauen, die es in der gnadenlosen Starfabrik zu etwas bringen wollten, durften keine Falten haben, die Nase musste perfekt geformt und der Busen mindestens so groß wie das Ego sein. Mittlerweile jedoch wollen und müssen wir alle so aussehen: immer perfekt gestylt und möglichst den Idealmaßen entsprechend. Neun von zehn Schönheitsoperationen gehen auf das Konto der Frauen. Doch die Emanzipation hat mittlerweile auf unerwartete Art zugeschlagen, denn inzwischen haben die Männer mächtig aufgeholt in Sachen Eitelkeit und Angst vor Schönheitsfehlern. Laut Studien hat sich die Zahl der kosmetischen Operationen bei ihnen in den Jahren 2008/2009 verdoppelt. Der Operationsrenner bei Männern: Tränensäcke und Hängelider entfernen lassen! Ob wir wollen oder nicht: Gut auszusehen bringt bessere Jobs, mehr Sex, Aufmerksamkeit und Sicherheit.

Urzeit-Chic

Keule, Fell-Klamotten, Knochenketten, Zottelhaar – so kennt man sie, die Neandertaler. Einen Style-Wettbewerb würden sie mit ihrem dürftigen Schönheitssinn wohl nicht gewinnen. Falsch. Ein Wissenschaftler der englischen Universität Bristol hat von Neandertalern bemalte Muscheln (50 000 Jahre alt!) entdeckt, die beweisen könnten, dass auch unsere Ur-Vorfahren durchaus einen Sinn für Ästhetik besaßen. Einige dieser Muscheln sind mit einem Loch versehen, sodass man sie an einer Schnur um den Hals tragen konnte. Zwei davon weisen eine sehr hübsche Bemalung in Rot- und Ockertönen auf. Außerdem fand man eine Muschel, die kleine gelbliche Farbklümpchen enthielt. Nach Ansicht der Anthropologen wurde diese Muschel wahrscheinlich als Behälter für die Pigmente verwendet. Die Zusammenstellung legt nahe, dass die Neandertaler sie als eine Art »Glitzer-Make-up« verwendet haben. Disco in der Höhle, yeah!

Männerbrust

Ja doch, es gibt ihn, den männlichen Busen. Doch keinem gefällt er so wirklich. Am allerwenigsten den britischen Männern. Mittlerweile bildet die Brustverkleinerung für Männer die prozentual am stärksten zunehmende kosmetische Verschönerung. Allein zwischen 2008 und 2009 ist die Häufigkeit dieses Eingriffs um 80 Prozent gestiegen und hat inzwischen sogar das männliche Facelifting überholt. Woher kommt jedoch das gesteigerte Bedürfnis nach den flachen, stahlharten Oberkörpern? Ein Schönheitschirurg führt diese Entwicklung auf die Männermagazine zurück, die ausschließlich durchtrainierte Adonisse abbilden. Viele Frauen können sich jetzt der Schadenfreude hingeben. Endlich bekommen nämlich auch Männer mal zu spüren, wie das ist, wenn man ihnen dauernd auf die Oberweite starrt.

Auge um Auge

Während man die Karriereleiter steil nach oben klettert, werden Körper und Gesicht immer schlaffer. Ein »müder Blick« geht gar nicht – meinen immer mehr deutsche Männer zwischen 30 und 50. Das Resultat: Auch Lidstraffungen bei Männern haben sich in den letzten Jahren verdoppelt. Das beliebteste Mittel zur Verschönerung bleibt der Laser, aber auch der Konsum von Antifaltencremes steigt. Also nichts Radikales, denn ein paar Falten machen sich ja ganz gut bei Männern – während Frauen in puncto Faltenstraffung immer häufiger auf Botox schwören. Und Gefühle riskieren.

Geglättete Seele

Einst erhielt ein menschliches Gesicht mit Fältchen, Furchen, Bäckchen und Grübchen seine individuelle Note. Dann kam Botox, und alles wurde einheitlich glatt und starr. Darauf konnte man – im wahrsten Sinne des Wortes – Gift nehmen. Ob dieses nicht doch auch irgendwie ins Hirn sickert und dort die Gefühle lähmt, fragten sich viele Zweiflerinnen, die ahnten, dass die Schönheit ihren Preis hat. An der New Yorker Columbia University ließen nun Wissenschaftler ihre freiwilligen Versuchsteilnehmer, bestehend aus 68 Frauen zwischen 27 und 60 Jahren, aufwühlende Videos anschauen. (Eine entsprechende Anzahl von Männern für einen Geschlechtervergleich war von den Forschern nicht aufzutreiben. Feiglinge! Denn immerhin rund 15 Prozent der Männer lassen sich spritzen.) Ohne ihr Wissen wurde nur etwa der einen Hälfte der Teilnehmerinnen Botox, der anderen aber ein Hyaluronsäure-Präparat gespritzt, das keine Muskellähmungen hervorruft. Dann wurden besonders rührselige Filme vor und nach der Behandlung gezeigt und ihre Wirkung auf die Teilnehmerinnen anschließend ausgewertet.

Das Ergebnis: kein Unterschied zwischen Botox und Natur. Erst bei einer Kunstdokumentation, die eine leichte positive Gestimmtheit erzeugte, ließen die Gefühle der Botox-Truppe nach.

Fazit: Große Gefühle können von nichts gestoppt werden, es sind die kleinen, feinen Regungen, die Botox unterdrückt. Wie ein leichtes Lächeln, ein Stirnrunzeln, ein Erstaunen …

Zurück zur Natur

Laut der British Association of Aesthetic Plastic Surgeons gehen immer mehr Schönheitseingriffe auch gerne mal daneben. 14 Prozent der schnellen Schnippler sind pro Jahr mit Reparaturarbeiten an mehr als neun entstellten Patienten beschäftigt, nachdem diese ihre Problemzonen im Ausland billigen Quacksalbern anvertraut hatten. Immer mehr Menschen wollen inzwischen ihre »alten« Gesichtszüge zurück, so wie die arg zurechtgestutzte und aufgepolsterte Pop-Diva Courtney Love.

Anti-Falten-Suppe

Statt mit Giftspritzen könnte man es auch mit einem Anti-Falten-Süppchen probieren. Kollagen, die bekannte Wunderingredienz glättender Cremes, wird in Japan, dem Land der makellosen Haut, mittlerweile auch gegessen. Sogenannte Schönheitsrestaurants bieten weißliche, etwas glibberige Suppen an, in denen durchsichtige Stücke geschmacklosen Proteins schwimmen, und servieren dazu Gemüse und an Kollagen reiche Schweinefüßchen sowie Haifischflossen. Hört sich eher nach einer Strafmaßnahme an. Schöner wären doch Pommes oder Schokolade mit Kollagen ...

... und ewig lockt das Weib

Nicht nur Frauen fühlen sich nach dem Blättern in Modezeitschriften und Lifestyle-Magazinen wie fette, hässliche Kaulquappen. Eine amerikanische Studie fand heraus, dass dabei auch Männer unter ihrem eigenen Aussehen und Körper leiden. Der Witz an der Geschichte: dass Männer sich als besonders unattraktiv empfinden, wenn sie *weibliche* Models in den gängigen Männermagazinen wie *Maxim* betrachten. Es frustriert sie, solche Schönheiten niemals ins Bett zu kriegen. Supersexy, schöne Männer anzugucken, deprimiert sie hingegen meist nicht. Also, nachdem Frauen *und* (heterosexuelle) Männer sich ausschließlich von schönen weiblichen Models entwertet fühlen, gibt es doch eine ganz einfache Lösung: nur schöne Männer abbilden! Dann bleiben beide Geschlechter von frustrierenden Komplexen verschont.

Mini-Jeans

Jeans sind gerne der Gradmesser für Traummaße. Und die scheinen direkt mit sexuellen Gefühlen verbunden zu sein. 29 Prozent aller Frauen, die wieder in eine zu enge Jeans passen, finden dieses Glücksgefühl besser als Sex.

Nacktheitsgrad

Minirock, bauchfreies Shirt, ein Dekolleté bis zum Bauchnabel – was macht den Mann, den man verführen will, am meisten an? Oder braucht man dazu vielleicht gar keine nackte Haut zu zeigen? Immerhin werden auch Frauen in Burkas ein Liebes- und Eheleben nachgesagt. Britische Wissenschaftler wissen es nun ganz genau: Der ideale Nacktheitsgrad liegt bei 40 Prozent (Gesicht und Hände nicht mitgezählt). Um auch etwas Spaß an der sonst eher trockenen Arbeit zu haben, besuchten die (weiblichen) Forschungsassistenten der Universität Leeds die größte Disco vor Ort und beobachteten, welche Frauen auf der Tanzfläche wie häufig von Männern zum Tanzen aufgefordert wurden. Und so sieht demnach das ideale Outfit für den maximalen Effekt aus: ein ärmelloses, kurzes Kleid, das möglichst eng an den Oberschenkeln anliegt. Unreife, betrunkene Promifrauen, die auf die Schnelle durch die Entblößung ihres Busens in der Öffentlichkeit Bewunderung ernten wollen, hätten demnach ganz schlechte Karten. Auch der Wurstpellenlook und all die bauchfreien Moppel betören den netten Durchschnittsengländer keineswegs.

Topmodels ade

In einer Umfrage unter tausend britischen Mädchen gaben 60 Prozent an, ihr bevorzugtes Karriereziel sei »Topmodel«. Doch das wahre Leben schlägt unseren

Wünschen und Idealen bekanntermaßen häufig ein Schnippchen. Große, dünne Models sind angeblich die Traumfrauen vieler Männer, aber ein solches Prachtexemplar unter den Durchschnittsfrauen zu finden, wird in Zukunft noch schwieriger werden. Forscher der Universität Yale fanden heraus, dass Frauen in Zukunft kleiner und dicker und deshalb fruchtbarer sein werden! Die Rechnung ist einfach: Frauen dieses Körpertyps produzieren die meisten Kinder, die wiederum kleine, kräftige Mädels gebären, und so weiter und so fort ... Claudia, Giselle und Naomi würden zwischen solchen Frauen wie Giraffen wirken.

Verfluchtes Aussehen

Ja, ja, wir wissen es. Es kommt bei einem Menschen auf die *inneren* Werte an! Und doch haben Psychologen und Forscher bewiesen: Attraktiven Menschen steht die Welt offen, man hofiert sie, traut ihnen alles zu, will Sex mit ihnen, sie verdienen mehr Geld, haben bessere Jobs – es ist einfach ungerecht. Das bedeutet nun aber nicht, dass hübsche Menschen auch allseits beliebt sind. Ganz im Gegenteil. Sie sollen sogar am besten von der Bildfläche verschwinden, wenn es um den Arbeitsplatz geht, das wünschen sich viele. Der Physiker und Theologe Frank Ochmann befasst sich besonders mit Fragen der Psychologie und Hirnforschung und führte eine Studie mit über 2600 Freiwilligen im Studentenalter (rund 60 Prozent davon weiblich) durch. Dabei sollte ein Stipendium an jeweils drei männliche und drei weibliche Kandidaten vergeben werden – anhand von rund 1000 Porträtfotos. Die sehr Attraktiven bekamen in knapp der Hälfte aller Fälle den Zuschlag. Die »Normalos« dagegen erhielten gerade mal 16 Prozent der Stipendienzusagen. Das galt aber nur, solange die Juroren über das jeweils andere Geschlecht zu entscheiden hatten. Männer sahen anderen Männern ihre Hässlichkeit nach, Frauen hatten eine leichte Abneigung gegen gar zu hübsche Geschlechtsgenossinnen. Wahrscheinlich waren es Blondinen!

Blondinen bevorzugt

Man lacht gern über sie, über die Blondinen, die angeblich zwar doof sind, aber mehr Spaß (und Sex) im Leben haben als ihre mausbraunen Geschlechtsgenossinnen. Tatsache ist, dass es mehr Brünette gibt, die ihre Haarpracht blond färben, als umgekehrt. Dass die cleveren Blondies tatsächlich Grund zum Lachen haben, zeigt eine amerikanische Studie, die herausfinden wollte, ob die angebliche Dummheit der Blondinen sich negativ oder positiv auf ihr Gehalt auswirkt. Die Forscher verglichen die Einkünfte von 12 600 Amerikanern zwischen den Jahren 1994 und 2006 und pickten alle Frauen über 25 heraus, die sich als natürliche Blondinen outeten. Und tatsächlich: Blond zu sein, was traditionell als hübsch gilt, bringt nichts als Vorteile. Blondinen verdienten im Schnitt 7 Prozent mehr als Frauen mit irgendeiner anderen Haarfarbe. Und sie heirateten Männer, deren Gehalt das der Ehemänner der armen Nichtblondinen um sechs Prozent überstieg. Das geht Hand in Hand mit einer anderen Studie, die herausfand, dass Blondinen auch beim Spendeneintreiben erfolgreicher sind als ihre dunkelhaarigeren Kolleginnen. Es lohnt sich also, zur Farbtube zu greifen, denn Blond ist nun mal Blond, auch wenn es künstlich ist. Kann zwar teuer werden, aber das höhere Gehalt ist beim Friseur doch gut aufgehoben …

Tolle Taillen

Ein perfekter Po, volle Lippen und schmale Hüften sind gut und schön, aber auch eine Frage des persönlichen Geschmacks. Glaubt man Wissenschaftlern der Universitäten Houston und Harvard, dann hält sich die schlanke Taille seit Jahrhunderten unangefochten als Nummer eins der weiblichen Schönheitsattribute. In ausführlichen Studien stellte es sich heraus, dass in der englischen Literatur des 16., 17. und 18. Jahrhunderts, in der chinesischen Poesie des vierten bis sechsten nachchristlichen Jahrhunderts sowie in zwei indischen Epen aus dem ersten und zweiten Jahrhundert die schlanke Taille von den hingerissenen Dichtern gepriesen wurde. Die Engländer erwähnten sie allein 65 Mal. Brüste landeten mit 16 Nennungen auf dem zweiten Platz, gefolgt von Schenkeln mit zwölf Lobpreisungen und den Schlusslichtern Hüfte und Po mit gerade mal zwei Erwähnungen. In indischen Epen wurde die Taille 35 Mal genannt, der Rest der Körperzonen nur 26 Mal. Die Chinesen lobten die weibliche Körpermitte nur 17 Mal – der Rest wurde gar nicht erwähnt. Doch Taillen standen nicht nur für Anmut und wurden mit Gürteln geschmückt, sie verkörperten daneben Gesundheit und Fruchtbarkeit. Und auch das lässt sich wissenschaftlich mit dem Zusammenhang zwischen dicken Bäuchen und niedrigen Östrogenwerten, also minderer Fruchtbarkeit, erklären.

Smokey Eyes

Oh, dieses sexy schwarze Augen-Make-up von Kleopatra, Nofretete und anderen ägyptischen Glamour Girls! Doch was mussten diese armen Frauen für ihre Schönheit leiden, das konnte doch nur ins Auge gehen. Keineswegs, fanden französische Forscher heraus, denn die Schminke diente den Frauen im alten Ägypten offenbar nicht nur zur Verschönerung und Huldigung des Sonnengottes, sondern erfüllte auch einen ganz praktischen Zweck. Sie hatte nämlich eine antibakterielle Wirkung. Allerdings wurde das darin enthaltene, sehr giftige Bleisalz äußerst sparsam dosiert.

Was Mütter so machen ...

Kinder sind toll – so die Einstellung der meisten Frauen. Man möchte welche haben, der Beruf ist andererseits aber genauso wichtig. Um Geld zu verdienen, sich zu verwirklichen, Spaß zu haben, Anerkennung zu bekommen. Heutzutage gibt es mehr berufstätige Mütter als jemals zuvor. Sie machen alles, wollen alles und können scheinbar auch alles. Sie sind motiviert, souverän, zielstrebig und verantwortungsbewusst. Dazu kommt noch, dass diese Frauen besser ausgebildet sind als je zuvor, längst haben sie die Jungs beim Schul- und Universitätsabschluss überholt. Sie können beinahe jede Aufgabe übernehmen und alle möglichen Berufe ausüben, von der Kellnerin, Reiseleiterin, Taxifahrerin, Anwältin, Pilotin, Ärztin, Politikerin, Fabrikbesitzerin, Sportlerin, Friseurin, Regisseurin, Forscherin bis hin zur Astronautin, Soldatin, Bankerin und Biologin. Und quasi nebenher üben sie eben auch den schwersten Beruf von allen aus – den der Mutter. Was nicht immer ein Happy End in allen Lebenslagen garantiert ...

Kinder, Kinder

Die bekannteste kinderreichste Mutter Deutschlands ist nicht Ursula von der Leyen, sondern Barbara Stratzmann. Nach einem Bericht aus dem Jahr 1498 gebar das »Kinderwunder von Bönnigheim« angeblich 53 Kinder und war 29 Mal schwanger: 18 Mal Einlinge, fünf Mal Zwillinge, vier Mal Drillinge, ein Mal Sechslinge ein Mal Siebenlinge. Der Bau eines riesigen Kinderhorts und das Anstellen von zahlreichen Kindermädchen blieben ihr erspart. 19 Kinder davon kamen tot zur Welt, und das älteste Kind wurde lediglich acht Jahre alt.

Teilzeitglück

Mehr als zwei Drittel der Mütter mit kleinen Kindern haben einen Teilzeitjob. Aber am liebsten würden Mütter den ganzen Tag malochen, denn laut einer Studie des Deutschen Instituts für Wirtschaftsforschung (DIW) sind vollzeiterwerbstätige Mütter mit ihrem Leben zufriedener. Was verhindert jedoch bei manchen dieses Glück? Vor allem fehlende Kinderkrippen bzw. die Doppelbelastung von Beruf, Kinderbetreuung und Haushalt. Und natürlich das schlechte Gewissen – das jetzt zu den Akten gelegt werden kann.

Gesund auch ohne Mami

Der erleichterte Jubelruf berufstätiger Mütter dürfte das lauteste Babygeschrei übertönen, denn eine bahnbrechende amerikanische Studie fand heraus, dass Mütter schon wenige Monate nach der Geburt ihres Kindes in den Beruf zurückkehren können, ohne dass ihr sabberndes Goldstück darunter leidet. In dieser Studie, die die Columbia University School of Social Work in New York durchführte, wurden über 1000 Kinder bis zum Alter von sieben Jahren und aus verschiedenen geografischen Gegenden und Familienhintergründen stammend, in ihrer Entwicklung beobachtet. Verschiedene Studien zu diesem Thema hatten jahrelang davor gewarnt, dass es der Entwicklung eines Babys schadet, wenn die Mutter nicht die ersten ein bis drei Jahre zu Hause bleibt und persönlich die Windeln wechselt. So lautete ein Forschungsergebnis des britischen Institute for Social and Economic Research der Essex University, dass Kinder von Müttern, die zu früh in den Beruf zurückkehrten, langsamer lernen. Andererseits aber vertreten viele Mütter selbst die Einstellung, dass es für die Kinder wesentlich schädlicher ist, wenn eine Mutter zu Hause bleibt und dadurch frustriert und nervös ist und obendrein auch noch weniger Geld zur Verfügung hat.

Deprimierend

Depressionen sind ein trauriges Thema, man spricht (und liest) also nicht unbedingt gerne darüber. Und überhaupt, ist das nicht eher das Thema von verrückten Künstlern, Trinkern und hormongebeutelten Teenagern? Es ist traurig, aber wahr, auch Kleinkinder haben bereits einen Hang zur Depression, wie eine Studie am Hamburger Universitätsklinikum belegt: Knapp ein Prozent der Vier- bis Sechsjährigen war depressiv. Wenn das Kind still ist, nicht spielt, nicht isst und schlecht schläft, ist das keine vorübergehende Kinderlaune, sondern ein eindeutiges Alarmsignal. Solche Phasen können sich wiederholen und sogar Monate oder Jahre andauern. In den USA, wo Kinder und Jugendliche Antidepressiva schlucken wie Smarties, waren knapp ein Prozent der Vorschulkinder, zwei Prozent der Schulkinder und zwischen zwei und acht Prozent der Jugendlichen depressiv. Was macht sie so traurig?

Arme Mütter

Wenn ein Paar die Freuden des Familienzuwachses erlebt, herrscht meist eitel Sonnenschein. Mann, Frau und Kind sind glücklich – bis einer geht, und dann beginnt der Abstieg. In der Regel für die Frau. Es gibt laut Statistik heute 1,6 Millionen alleinerziehende Mütter in Deutschland – in neun von zehn Fällen ist die Mutter der alleinerziehende Elternteil –, von denen 42 Prozent in

Vollzeit arbeiten. Das bedeutet keineswegs Freiheit und Geld im Überfluss, vielmehr muss jede dritte Alleinerziehende mit 1100 Euro monatlich auskommen. Dem stehen aber nur 17 Prozent der alleinerziehenden Väter gegenüber, die auch mit so wenig Geld auskommen müssen. Wenn diese das Sorgerecht für die Kinder haben, dann sind das häufig Teenager zwischen 15 und 17 Jahren (mit 37 Prozent), die ganz Kleinen bleiben meistens bei der Mutter – die jedoch auf Kinderbetreuung angewiesen ist, wenn sie arbeiten geht.

Störenfried Kind

»Ich bin schwanger, Schatz, ist das nicht schön?« Nicht, wenn es ein Zufallskind ist. Mehr als 25 verschiedene amerikanische Studien haben in den letzten Jahren herausgefunden, dass es in jeder Ehe kriselt und nach der Geburt von Kindern oft mit Sex, Spaß und Freizeit vorbei ist. Das gilt aber hauptsächlich für Eltern, die die Familienplanung vorher nicht gemeinschaftlich vorbereitet haben.

Tschüssi!

In ähnlichen Studien wurde darauf hingewiesen, dass Eltern unbedingt auch Zeit für sich und füreinander brauchen. Ein schlechtes Gewissen müssen sie deshalb nicht haben. Der Elterntyp, der überall dabei sein will und einen auf jugendlich macht, ist weit weniger beliebt, als im Allgemeinen angenommen wird. Es hat sich herausgestellt, dass heranwachsende Kinder ihre Eltern viel seltener um sich haben wollen, als diese meist glauben. Und bitte auch keine Sorge wegen dem »Leere-Nest-Syndrom«. Wenige Eltern weinen ihren Kindern Krokodilstränen nach. Im Gegenteil: Die meisten Paare sind sehr glücklich, wenn die Brut aus dem Hause ist.

Nicht ohne meine Mutter

Nie, nie will man so reden und werden wie sie – die eigene Mutter –, nehmen sich viele junge Frauen vor. Und doch: Überraschung! Die Betreiber der Internetseite TheBabyWebsite.com befragten 3000 amerikanische Mütter und fanden heraus, dass acht von zehn Frauen zugaben, dieselben Worte und Mittel zu benutzen, die ihre Mütter schon ihnen gegenüber anwandten. Nummer eins war der Klassiker für Kinder, die einfach nicht tun wollen, was man ihnen sagt und ständig mit »Warum« nerven: »Weil ich es sage!« An zweiter Stelle folgte: »Du wirst schon sehen!« Und schließlich: »Und wenn dir jemand sagt, du sollst von einer Klippe springen, tust du das dann auch?« Übrigens fanden es zwei Drittel der Mütter ziemlich lustig, dass ausgerechnet ihre Töchter, die nie so werden wollten wie sie, nun ihre Kinder genauso quälten.

Muttersprachler

Müttern wird es nicht auffallen, aber ihre Babys brüllen tatsächlich in der Muttersprache. Deutsche Babys schreien auf Deutsch, französische auf Französisch, englische auf Englisch. Forscher glauben, dass Kinder den Rhythmus und die Melodie ihrer Muttersprache verinnerlichen, noch bevor sie auf die Welt kommen. Säuglinge schreien dann in sprachspezifischen Frequenzen und Melodiekonturen. Dass Kinder bereits im Mutterleib die Stimme der Eltern wiedererkennen, ist schon lange bekannt.

Erste Worte

Was sagt das Baby zuerst: Mama oder Papa? Um dieses erste Wort entbrennt der altbekannte Streit junger Eltern im Wettkampf um die eigene Bedeutung. Jeder hört dabei, was er gerne hören will. Langzeitgewinner wird wohl immer »Mama« bleiben. Das war auch das erste Wort eines Amerikaners, als er nach 19 Jahren aus dem Koma erwachte. Nun sagt man amerikanischen Männern allerdings nach, häufig Muttersöhnchen zu sein.

Rabenmütter

Mütter freuen sich einfach über jedes Baby, auch, wenn es nicht ihr eigenes ist. Sie können gar nicht anders, weil ihr edles Mutterherz überfließt, versorgen und lieben möchte. Nicht ganz! In einer Studie der Harvard Medical School in Boston sahen sich Frauen Fotos, auf denen fehlgebildete Babys abgebildet waren, nur sehr kurz an, während Männer länger hinschauten. Die Forscher vermuten, dass die Evolution wahrscheinlich Frauen begünstigt, die ihre Energie vor allem in die Pflege von gesunden Kindern stecken.

Das doppelte Muttchen

Gut, dass wir das nun auch wissen – für den Fall, dass Männer allzu knapp und unsere Kinder als Mäuse geboren werden: Mäuse mit zwei Müttern leben länger. Tiere mit ausschließlich mütterlichem Erbgut, die japanische Forscher mittels gentechnischer Methoden züchteten, lebten deutlich länger als Nager, die je einen Chromosomensatz von einem Vater und einer Mutter hatten.

Macht der niedlichen Bilder

Immer beim Einkaufen drauf achten: Kreditkarte, Ausweis – und einen herzigen Ferienschnappschuss der ganzen Familie einstecken. Verlorene Brieftaschen werden eher beim Fundbüro oder bei der Polizei abgegeben, wenn sich darin Familienfotos und Bilder von Hundewelpen befinden. Der Hit sind allerdings kleine Kinder. Da schmilzt jedes Diebesherz.

Schöne Schwesternschaft

Weibliche Wesen verbreiten Harmonie und positive Gefühle, deshalb machen Schwestern glücklich. Junge Erwachsene führen mit höherer Wahrscheinlichkeit ein zufriedenes Leben, wenn sie außer mit der Mutter mit mindestens noch einem weiblichen Wesen aufgewachsen sind. Abgesehen von denjenigen, die sich trotzdem prügeln, rivalisieren oder neidisch sind.

... sie küssten und sie schlugen sich

Mord und Totschlag im Kinderzimmer? Enervierend für die Eltern, gut für die Streithähne. Geschwister im Alter zwischen zwei und sieben Jahren geraten 3,5 Mal pro Stunde aneinander. Dies haben Wissenschaftler der Universität von Illinois herausgefunden. Solch eine einzigartige Geschwisterbeziehung bietet aber auch Entwicklungsmöglichkeiten. Wer es in der Kindheit schafft, gut mit seinen Geschwistern auszukommen, wird vermutlich auch im späteren Leben soziale Kompetenz beweisen. Die beste Kombination mit dem geringsten Konfliktpotenzial ist großer Bruder und kleine Schwester. Er kann den Beschützer spielen, sie die kleine Prinzessin. So kommen sie sich nicht ins Gehege. Perfekt.

Bloß weg von zu Hause!

Vielleicht haben sie keine Schwester, vielleicht ist es das Zuviel an erdrückender Fürsorge von Mutti, die kocht, wäscht und kontrolliert. Womöglich weckt auch Vatis mangelnde Anerkennung die Aggressionen der Söhne. Aber es stimmt wirklich. Laut einer britischen Studie sind es die jungen Männer, die noch bei ihren Eltern wohnen, bei denen ein besonders hohes Aggressionspotenzial festgestellt wurde und die an überproportional vielen Gewaltdelikten beteiligt sind.

Hohe Erwartungen

Doch nicht alles ist schädlich oder schlimm im Elternhaus. Denn auch dann, wenn Jungs weder Diebe noch Raufbolde, sondern ehrgeizige, gute Schüler werden, kann das auf den Einfluss der Eltern zurückzuführen sein. Ein Schweizer Psychologe fand heraus, dass hohe Erwartungen der Eltern an ihre Kinder (natürlich auch an Mädchen) sich massiv auf deren schulische Leistungen auswirken. Besonders in Mathe und Deutsch spornen sie den Nachwuchs an.

Brüller-Generation

Moderne Eltern sind tolerant, verliebt in ihr Kind und stolz auf den Nachwuchs. Ach ja, und gestresst. Und zwar rund um die Uhr. Wo es früher einen Klaps gab, hilft heute nur eines: brüllen. Deshalb besteht die neue Elterngeneration aus Brüllern. Das fand eine amerikanische Studie heraus, die 1000 Eltern danach befragte, was die häufigste Ursache für Schuldgefühle gegenüber ihren Kindern sei. Zwei Drittel aller Befragten gaben an, dass sie ihre Kinder zu schnell und zu oft anbrüllen, ganz besonders, wenn sie nicht gehorchen. Psychologen warnen davor, die Kinder anzuschreien, da Brüllen eigentlich nicht nur nichts nütze, sondern auch das Selbstwertgefühl der Kinder mindere. Es gibt aber auch das andere Extrem ...

Wunderkinder

Kevin kann zählen, Radschlagen und Fußball spielen, und auch Lea ist praktisch ein Weltwunder. Das soll jeder wissen, in erster Linie aber die Kids selbst. Doch kleine Kinder brauchen tatsächlich weit weniger lobende Einmischung von ihren Eltern, als allgemein angenommen wird. Der neue Erziehungsstil, den Nachwuchs für die winzigste Selbstverständlichkeit sowie für mittelmäßige Leistungen überschwänglich zu loben, tut den Kindern nicht gut, wie eine wachsende Zahl von amerikanischen Studien belegt. Vielmehr kommt es nicht so sehr darauf an, ob gelobt wird, sondern wie, wofür und wann. Als ungünstig für die Entwicklung gilt auch, wenn die Eltern vor Mitleid zerfließen, sobald ihren Kindern etwas misslingt. Kinder lernen nämlich bereits im Kleinkindalter, diese Sachen selbst zu regeln.

Früh übt sich

Babys lächeln jeden an und brabbeln vergnügt vor sich hin. Niemand kann ihnen widerstehen und soll es auch nicht, denn Babys sind zum Überleben auf die Hilfe Erwachsener angewiesen. Eine amerikanische Anthropologin erklärt so den einnehmenden – und angeborenen – Charme der entzückenden Winzlinge, die wegen ihrer Hilflosigkeit einfach mit jedem gut können *müssen*, denn Menschenmütter geben ihre Babys auch in fremde Obhut. Im Gegensatz zu Schimpansen, die ihre Babys während der ersten sechs Monate nicht aus den Armen und Augen lassen.

Menschenkenner in Windeln

Versuche von Verhaltensforschern der US-Universität Yale ergaben, dass Babys bereits im Alter von sechs bis zehn Monaten erkennen, ob sie es mit hilfsbereiten oder weniger hilfsbereiten Menschen zu tun haben. Die Forscher stellten »soziales Verhalten« mit einfachen Holzfiguren nach, denen große Augen aufgeklebt waren. Eine

Figur versuchte, einen Berg zu besteigen, während andere ihr dabei halfen oder sie behinderten. 14 von 16 Babys im Alter von zehn Monaten und alle zwölf Monate alten Babys entschieden sich für den Helfer. Das scheint zu beweisen, dass es sich bei der sozialen Bewertung um eine angeborene Fähigkeit handelt und Menschen viel früher als bislang gedacht damit beginnen, andere Menschen sozial einzuordnen.

Kleine Helfer

Aber auch Babys selbst sind schon sehr hilfsbereite Wesen: Babys ab zwölf Monaten zeigten in Tests amerikanischer Biologen und Soziologen eine erstaunliche Hilfsbereitschaft. Das Bedürfnis zu helfen, scheint angeboren zu sein, setzt auch ohne Training und Belohnungen früh ein und taucht in allen Kulturen auf. Kleine Kinder sind durchweg und ohne Einschränkungen hilfsbereit. Erst wenn sie älter als drei Jahre sind, machen sie Unterschiede. So sind sie besonders nett zu den Menschen, die ebenfalls nett zu ihnen waren … Sehr clever.

Wachstumssonate

Wenn Mütter ihren schreienden Kindern etwas vorsingen, sinkt der Spiegel des Stresshormons Cortisol im Blut der Kleinen. Beruhigende Worte sind hingegen weniger wirksam, hier hält der Effekt nicht so lange an.

Noch günstigere Auswirkungen scheint jedoch Musik von Mozart zu haben. Tests von Forschern in Tel Aviv zeigten, dass Frühchen schneller wachsen, wenn sie wiederholt Mozart hören, weil sie sich dabei entspannen, weniger Energie verbrennen, schneller zunehmen und sich dadurch besser entwickeln. Je mehr und länger Mozart, desto besser die Ergebnisse. Werden denn auch einmal andere Komponisten getestet?

Mund zu Mund

Was genau treibt die Menschen dazu an, sich zu küssen? Liebe, Lust und Sympathie? Wirklich geklärt wurde dieses Phänomen bis heute nicht. Einer Forscherhypothese zufolge könnte das Küssen entstanden sein, weil Mütter die Nahrung einst im Mund vorkauten, bevor sie diese an ihre Kinder weitergaben, als es weder Fläschchen noch Alete gab. Genau so, wie Vogelmütter ihre Küken füttern. Geblieben sind davon die Zungenküsse, die – je nach Kusspartner – entweder total abtörnen oder eine heiße Nacht verheißen.

Affen sind doch die besseren Menschen – das wunderbare Reich der Tierstudien

Wir lieben Tiere. Ob die echten im Zoo, im Garten, im Haus, die von Steiff aus seligen Kindertagen oder die fantastischen Gestalten der Drachen und Urzeitkolosse, die unsere Märchen und Sagen bevölkern. Wir lieben Tiere in Trickfilmen, so ziemlich das ganze Disney-Repertoire rauf und runter, von Micky Maus bis Ede Wolf, wir sind entzückt von Pu dem Bären und seinen Freunden, dem neugierigen Schimpansen George, Nemo dem Fisch, dem surfenden Pinguin und Dumbo, dem Elefanten. Ach, geben wir es doch zu: Tiere sind einfach die besseren Menschen! Und deshalb gehören sie zu uns. Wir entdecken in ihnen, wie wir selbst gerne wären oder was wir lieber bei uns verdrängen, sind entzückt über die Großfamilien der Elefanten und entsetzt über das arme Gazellenbaby, das hinterhältig vom Löwen erjagt wird. Wir können über ihre drolligen Aktionen und ihr durch kein Schamgefühl getrübtes Körpergefühl lachen. Das funktioniert alles deshalb so gut, weil wir genügend Abstand besitzen, um uns auf humorvolle Weise mit ihnen zu identifizieren.

Wir Menschen trauen Tierstudien am meisten, denn Tiere können nicht wirklich lügen, sie haben keine Agenda (fast – dazu kommen wir noch!), keine Motive, uns Menschen etwas vorzumachen. Sie haben nichts zu verteidigen, wollen nichts beweisen, sie sind nur sie selbst in all ihrer wunderbaren Wahrhaftigkeit. Deshalb kann man auch die komplexe, rätselhafte und perfekte Welt der Tiere un-

beschwert genießen, ohne irgendwelche Gefühle von Neid zu hegen oder Vergleiche mit sich selbst ziehen zu müssen.

Tierstudien sind deshalb so interessant, weil wir durch sie wirklich etwas Neues erfahren, etwas, was wir nicht durch eigene Beobachtungen selbst herausfinden können. Denn die meisten von uns spielen ja weder mit Schimpansen Versteck, noch ziehen sie Pandas mit Nuckelflaschen auf, necken Nilpferde oder massieren kleinen Bären den Bauch. Das erledigte früher einmal der TV-Tierpapst Bernhard Grzimek. Die Älteren von uns kennen noch den einen reizenden Mann mit unaussprechlichem Namen und den nettesten und seltensten Tieren, die er auf Kopf, Schultern und Armen mit sich herumtrug. In Grzimeks Studio ringelten sich bunte Schlangen auf dem Schreibtisch, hüpften naseweise Äffchen auf seinem markigen Schädel auf und ab, Alligatoren schnappten nach Fingern, und Gepardenjungen bissen verspielt in die Kabel.

Tiere faszinieren, weil wir in ihnen so viel Fremdes, aber auch einiges von uns selbst entdecken – und viel von ihnen lernen könn(t)en.

Rabenkrimis

Wissenschaftler der Konrad-Lorenz-Forschungsstelle in Wien entdeckten bei Raben so etwas wie »taktischen Betrug«. Man deponierte in einer von zwei Dosen einen Leckerbissen für die Raben. Ein Rabe entdeckte ihn zwar sofort, aber sein Bruder, der höher in der Hierarchie stand, schnappte ihn sich. Okay, verstanden, muss sich der Verlierer gedacht haben. Beim nächsten Versuch hüpfte er arglistig zur leeren Futterdose. Sein Bruder fiel auf die falsche Fährte rein und suchte am falschen Ort, während sein Bruder zur richtigen Dose hopste und den Leckerbissen schnell herunterschlang. Hört sich an wie der gängigste Plot von ungefähr 90 Prozent aller Krimis.

Nesthotel

Warum haben Raben nur so ein schlechtes Image? Der Volksmund, oft eine wunderbare und sehr unterhaltsame Quasselstrippe, unterstellt den großen blauschwarzen Vögeln unglaubliche Bösartigkeiten, besonders den Müttern. Aber Rabenmütter sind gar nicht so! Vielmehr sind Rabenpaare aufopfernde Eltern, die ihre Kinder mit Inbrunst pflegen. Allerdings ist nach sechs Wochen Schluss mit Hotel Mami und Papi, die Brut wird aus dem Nest gedrängt und muss flügge werden. Dabei wird sie jedoch von den Eltern beobachtet, die zur Stelle sind, wenn sich ein Rabenjunges bei der Wurmsuche allzu dumm anstellt. Also, alles in allem perfekte, moderne Eltern: viel Nestwärme, aber auch Erziehung zur Unabhängigkeit, und die Gewissheit elterlicher Unterstützung, wenn's mal hart auf hart geht.

Brangelinas des Urwalds

Es sind nicht nur Angelina Jolie, Madonna und all die anderen zweibeinigen Wohltäterinnen im Designerkostüm, die sich hilfsbedürftiger Kinder und Waisen annehmen. Schimpansen haben ebenfalls ein Herz für junge, verlassene Tiere. Im Taï-Nationalpark an der Elfenbeinküste beobachteten Anthropologen, wie 18 verwaiste Schimpansen von anderen Tieren der Gruppe adoptiert wurden; die Hälfte sogar von Männchen (siehste, Brad Pitt, du bist nicht allein!). Eigentlich wird solch uneigennützige Hilfsbereitschaft ausschließlich den Menschen zugeschrieben. Doch die großen Gefahren in freier Wildbahn stärken Zusammenhalt und Solidarität unter den Lebewesen. Im Taï-Nationalpark wurden deshalb besonders viele Adoptionen beobachtet, weil die Schimpansen ihren Lebensraum dort mit vielen Leoparden teilen. Ganz anders sieht es dagegen im Zoo aus, der ist ja eine Art All-inclusive-Hotel, wo für alle bestens gesorgt ist. Die Affen wissen genau, dass ihnen hier keine hilflosen Waisen begegnen oder ernsthafte Gefahr droht, und genießen den Egotrip.

Rache des Affen

Weshalb Santino, Schimpanse in einem schwedischen Zoo, so richtig in Rage geriet, wusste zuerst keiner so recht zu sagen. Der 31-jährige Wüterich und Gruppenführer sammelte eines frühen Morgens ruhig und konzentriert stundenlang große Steine und schuf sich so ein kleines Waffenarsenal. Dann wartete er geduldig, bis die ersten Zoobesucher kamen, um sie dann wütend mit den Steinen zu bewerfen. Eine schwedische Studie beschäftigte sich mit dem überraschend anti-sozialen, aber sehr durchdachten Verhalten und kam zu dem Ergebnis, dass Affen genauso vorausschauend und taktisch planen können wie Menschen. Eigentlich ziemlich menschlich, dass einem Affen, der seit Jahrzehnten von Besuchern angegafft, geärgert, belacht, imitiert und überhaupt, eigentlich nervtötend belästigt wird, irgendwann der Geduldsfaden reißt und er seinen Ärger offen zeigt. Der arme aggressive Schimpanse Santino wurde schließlich jedoch kastriert, weil seine Wut zum Dauerzustand wurde.

Gähn!

Man sitzt in der U-Bahn und hat ein Gegenüber, das ununterbrochen gähnt. Und was geschieht? Nach einer Weile muss man mitgähnen. Auch Schimpansen können durch ein computergeneriertes Gähnen von künstlichen Ebenbildern dazu gebracht werden, es diesen gleichzutun. US-Verhaltensforscher vertreten die These, dass es sich dabei um ein Zeichen unbewusster emotionaler Bindung handelt. Einer gähnt, wir fühlen mit ihm und gähnen auch, sozusagen aus Sympathie. Bei uns Menschen kann diese gefühlsmäßige Verbindung sogar so weit gehen, dass wir mit Zeichentrickfiguren mitleiden, obwohl diese eine deutlich andere Mimik als wir aufweisen. Erinnern wir uns doch. Hat man je ein Kind gesehen, das nicht in Entenhausen leben wollte, dem Onkel Donald, Dagobert, Goofy, Minnie und Micky, Tick, Trick und Track nicht vertrauter waren als die echte Tante Käthe, der Lehrer und manchmal sogar als die eigenen Eltern?

Falsche Schritte

Esel und Pferde sehen auf alten Gemälden anatomisch oft seltsam aus. Das fällt selbst einem Laien auf. Die Eötvös-Universität in Ungarn hat mehr als 300 verschiedene Gemälde, Tierbücher und Tierdarstellungen in Museen studiert und festgestellt, dass die Position der Beine in mehr als der Hälfte aller Fälle falsch dargestellt ist. Irgendwie scheinen die Künstler ein Problem damit zu haben, Tiere anatomisch richtig darzustellen. Vierbeiner folgen einer bestimmten Reihenfolge, wenn sie ihre Gliedmaßen, also Pfoten, Tatzen oder Hufe, zur Fortbewegung einsetzen: Das linke Hinterbein bewegt sich nach vorne, gefolgt vom linken Vorderbein, dann das rechte Hinter- und rechte Vorderbein. Das ist ja auch nicht erst seit gestern so, sondern immerhin seit 1880 bekannt, als es durch frühe Fotografien belegt wurde. Die Forscher zeigten sich sehr überrascht über den Umstand, dass bei den Abbildungen so wenig auf die wissenschaftlich korrekte Gehweise geachtet wurde. So sind sie eben, die Künstler ...

Grellgelber Sex

Ein Alptraum für Fremdgänger, ginge es im Liebesleben der Menschen zu wie bei den Fröschen der Gattung Bufo luerkenii. Bei den Männchen verrät nämlich die Hautfarbe, ob sie Sex hatten. Als unschuldige Froschherren sind sie limonengelb – im Gegensatz zu den konservativ dunkelbraunen Weibchen. Nach der Paarung verliert der flotte Frosch gleich sein Flair und verwandelt seine Haut schnell in ein unauffälliges Olivgrün. Welch ein raffiniertes Verschleierungsmanöver!

Modische Dinos

Jeder kennt das schicke Schiefergrau der Tauben, das wilde Fleckenkleid der Hyänen, den sanften Safari-Look der Löwen, das Blauschwarz der Rabenmäntel ... Dinosaurier wurden immer als unaufregend bräunlich-grüne Wesen dargestellt. Britischen und chinesischen Wissenschaftlern gelang es nun aber erstmals, anhand von Federn die Farbe eines Sauriers festzustellen. Der vor etwa 125 Millionen Jahren lebende *Sinosauropteryx* war höchstwahrscheinlich rotgelb und hatte einen orangeweiß gestreiften Schwanz, wie ein britischer Paläontologe von der Universität Bristol ausführte. Très chic!

Komische Käuzinnen

Playgirls und untreue Ehefrauen gibt es in der Tierwelt viele. Wenn sie woanders mehr Futter wittern, machen sich weibliche Raufußkäuze gerne einfach aus dem Staub und lassen ihren Partner mit dem gemeinsamen Nachwuchs sitzen. Auch das passt nicht so recht in das Bild der fürsorglichen Mütter, egal ob Mensch oder Federvieh, denn die Flucht vor der Familie ist bekanntermaßen eher eine männliche Domäne.

Bei Parship melden!

Wie anders sind da doch die Dickhäuter, deren Psyche so schwerfällig ist wie ihr Körper. Wenn Elefanten einen engen Familienangehörigen verlieren und ein Singleleben fristen müssen, kann es bis zu 20 Jahre dauern, ehe sie eine neue Bindung eingehen und sich einer Gruppe anschließen. Ob sie allerdings bis dahin wenigstens die Freuden von One-Night-Stands genießen, ist nicht bekannt.

Trotzköpfe

Kapuzineräffchen lieben Smarties und M&Ms über alle Maßen und es war ihnen bis vor kurzem ganz egal, ob diese nun gelb, grün oder braun waren. Das änderte sich, als eine Psychologin der Universität Yale auf die Idee kam, die Affen nur zwischen blauen und roten M&Ms wählen zu lassen. Erst griffen sie gierig zu, dann jedoch ließen sie, warum auch immer, die Schokolinsen einer bestimmten Farbe liegen. Was zunächst wie purer Zufall wirkte, entwickelte sich zur Methode: Die Tiere gingen dazu über, die zunächst zufällig zurückgewiesene Süßigkeit auch später abzulehnen, und blieben bei dieser Haltung. Das M&M-Experiment ist ein Beispiel für ein Phänomen, das Humanpsychologen unter den Begriff der »kognitiven Dissonanz« fassen. Sowohl Affen als auch Menschen scheinen demnach einmal getroffene Entscheidungen so zu interpretieren, dass diese selbst im Rückblick sinnvoll erscheinen – auch dann, wenn die Gründe dafür erfunden sind.

Schnäppchenjagd

Affen sind regelrechte Geldhüter und Schnäppchenjäger. Besonders schlau verhielten sich die Primaten, als es um den Tauschwert kleiner, runder Metallscheiben ging, die ihnen im Experiment einer portugiesischen Anthropologin gegeben wurden. Die Schimpansen begriffen sofort, dass verschiedene Münzen unterschiedliche Kaufkraft haben, und setzten beim Tauschgeschäft sogar raffinierte Tricks ein. Einige horteten ihr Kleingeld, andere versuchten, ihren Pflegern eine Gurkenscheibe als Münzersatz unterzujubeln. Und kaum hatten sie festgestellt, dass es bei einem Verkäufer Apfelschnitze und Geleewürfelchen zum halben Preis gab, standen sie bei diesem Schlange.

Durchtriebene Delfine

Trainer am Institute for Marine Mammals Studies in Mississippi haben Delfinen beigebracht, den Pool von Müll zu befreien, und belohnen sie für jeden Transport mit einem Fisch. Ein weiblicher Delfin erwies sich dabei als besonders raffiniert: Er versteckte eine Ladung Müll einfach unter einem Stein ganz unten im Becken, brachte nur einen kleinen Teil zum Trainer und kassierte auf diese Weise bedeutend mehr Fische als die anderen. Ach Flipper, nicht mal du bist eine ehrliche Haut!

Guck mal, Mutti!

Schottische Primatenforscher stellten einen direkten Zusammenhang zwischen der Größe des Gehirns und der Schlauheit fest. Je größer das Gehirn, umso größer die Wahrscheinlichkeit, dass der Affe ein solch gewitztes, vollkommen inszeniertes Ablenkungsmanöver wie das nachfolgende ausheckt, das tatsächlich so beobachtet wurde und Anklänge an Lausbubenstreiche hat. Ein junger Pavian, der vermutlich etwas angestellt hatte, wurde von seiner wütenden Mutter zu Strafzwecken verfolgt. Plötzlich blieb er jedoch stehen, richtete sich auf und tat so, als würde er am Horizont etwas Interessantes entdecken. Mutti und der ganze restliche Pavianclan ließen sich auch sofort ablenken und bereiteten sich, statt den kleinen Sünder weiter zu verfolgen, auf einen Angriff von Feinden vor, während der erfolgreiche Schauspieler sich glücklich von Ast zu Ast in sicheren Abstand hangelte.

Schauspielereien

Die amüsantesten Schauspieler aber sind die großen Affen. Schimpansen und Orang-Utans, die in Gefangenschaft gehalten werden, sind besonders durchtrieben. So wurden sie oft dabei beobachtet, wie sie ein paar Strohhalme durchs Gitter reichten und dabei so zutraulich taten, dass die Menschen es für eine Sympathiekundgebung hielten und sich zu dicht an den Käfig wagten. Diese Gelegenheit nutzte der Affe, um nach dem Leichtsinnigen zu schnappen und ihn zu beißen. Doch die Forscher legen sogar noch nach und meinen: Nie im Leben würden die Affen so billige Tricks mit ihresgleichen wagen, kein Primat würde auf so ein simples Täuschungsmanöver hereinfallen. Nur der Mensch sei so naiv. Das heißt jedoch nicht, dass Affen untereinander auf Täuschungsmanöver verzichten. Schimpansen grinsen tatsächlich, wenn sie nervös sind. Und wenn ein sichtbar erregter Jüngling eine Affendame anmachen will und dabei vom Alphamännchen erwischt wird, versucht er, seine amourösen Absichten zu verbergen, indem er die Hände über seine Erektion legt!

Smart und schuppig

Wirklich aufregend sind Zierfische im Aquarium wahrhaftig nicht, und niemand würde sie als geistreich bezeichnen, gäbe es da nicht den witzigen Nemo, wenn auch nur als Trickfigur. Und doch – unsere schuppigen Freunde sind sehr lernfähig und können in der farbenfrohen, aber gefährlichen Welt der Korallenriffe sehr wohl Farben, Muster und Formen erkennen und voneinander unterscheiden. In einem Experiment brachte man sie sogar dazu, mit ihren Lippen bunt bemalte Zielscheiben zu berühren, um so Leckerbissen zu erhalten. Die Fische registrierten übrigens auch, wenn die Belohnung auf sich warten ließ, schwammen dann ungeduldig im Aquarium herum und stießen gegen die Zielscheibe.

Putz-Kolonnen

Wohlhabende Menschen leisten sich eine Putzfrau, Meeresbewohner haben Putzerfische. Diese leben von der Körperpflege, die sie anderen angedeihen lassen. Ihre Kunden besuchen sie, um sich Parasiten vom Körper, von den Flossen und aus dem Maul fressen zu lassen. Mehr noch als die faden Parasiten mundet den Putzerfischen die leckere Schleimschicht ihrer Klienten. Doch diese Extrabisse mag die zimperliche Kundschaft gar nicht. Am besten läuft das Geschäft, wie Verhaltensbiologen herausfanden, wenn es wie ein altmodischer Familienbetrieb organisiert ist, bei dem je ein Männchen und ein Weibchen die Kundschaft gleichzeitig bedienen und der Chef das Benehmen der weiblichen Angestellten überwacht. Das kleinere Weibchen wird, wenn es einen Kunden gebissen und vergrault hat, zur Strafe aggressiv vom Chef herumgejagt. Nach diesem öffentlichen herben Rüffel kehrt bei der Putzkolonne erst mal eine Weile Harmonie ein, und das Weibchen besinnt sich auf seine guten Manieren. Davon profitiert vor allem das Männchen, da der Kunde dann ja länger bleibt und es selbst öfter mal ein Stück von ihm abbeißen kann. Ego-Trip!

Fisch-Feminismus

Höchste Alarmstufe für Amerikas Schwarzbarsche! Sie dürften die verwirrtesten Fische der Meere sein und sind geradewegs in eine Identitätskrise geschwommen. »Wer bin ich?«, scheinen ihre Glubschaugen zu fragen, denn sie sind die Zwitter der Fischwelt, weder männlich noch weiblich. Dies ist jedoch nicht auf eine natürliche Entwicklung zurückzuführen. Durch die vermehrt ins Abwasser geratenen Hormonpräparate und Anti-Baby-Pillen entwickelt jeder fünfte männliche Barsch weibliche Geschlechtsmerkmale. Was die Barschdamen dazu sagen, ist nicht überliefert. Die meisten dieser verweiblichten Fische findet man laut Studien in Südamerika.

Schweinchen Schlau

Die drei kleinen Schweinchen legten bekanntermaßen den übereifrigen Ede Wolf immer wieder mit großem Vergnügen rein. Keine reine Disney-Erfindung. Schweine besitzen ein schnelles Auffassungsvermögen, sind Musterschüler und Alleskönner. Die zirkusreifen Aktionen dieser Tausendsassas sind legendär und reichen von auf den Hinterbeinen stehen, sich verbeugen, durch Reifen springen, tänzeln und sich drehen, Teppiche ausrollen, Käfige öffnen und schließen bis hin zu Schafe hüten und Videospielen, die sie mit Joysticks bedienen. Ihre außerordentliche Begabung bewiesen Schweine nun auch in einem Spiegel-Test. Die Fachzeitschrift *Animal Behaviour* veröffentlichte einen Artikel darüber, dass die cleveren Hausschweine sehr schnell begreifen, was Spiegel sind und wie sie diese benutzen können, um etwas zu finden. Für eine Studie, die von der Universität Cambridge durchgeführt wurde, sperrte man sieben kleine Schweinchen fünf Stunden lang mit einem Spiegel ein. Die kleinen Tierchen waren ganz aus dem Häuschen, quiekten und schnüffelten am Spiegel, liefen begeistert um ihn herum und betrachteten sich selbst darin aus verschiedenen Perspektiven. Als am darauffolgenden Tag der Spiegel wieder in ihren Stall gestellt wurde, begrüßten sie ihn mit einem Grunzkonzert, und das nur im Spiegel sichtbare, versteckte Fressen entdeckten sie auf Anhieb!

Aufgeblasene Weiber

Die Weibchen der australischen Riesenkröte Bufo marinus besitzen die Fähigkeit, sich enorm aufzublasen, wenn ihnen die um ihre Gunst buhlenden Männchen zu mickrig erscheinen. Wie australische Forscher berichteten, setzen sie dieses Verhalten ein, um den idealen Kandidaten für die Vermehrung auszuwählen, denn bei ungefähr gleich großen Kröten verläuft der Befruchtungsvorgang am erfolgreichsten. Die Krötendamen blasen sich dabei auf und schütteln zu klein geratene Männchen ab, die sich auf ihrem Rücken festklammern wollen. Patriarchat ade.

Kaffeetanten

Wir sind leidenschaftliche Kaffeetrinker und genießen das belebende Gebräu häufig im Übermaß, egal, ob wir nun Herzklopfen davon bekommen oder der Magen protestiert. Allein der Duft von frisch gebrühtem Kaffee weckt die Lebensgeister. Das scheint sogar für manche Tiere zu gelten. Bei Tests mit übernächtigten Ratten aktivierte der Geruch des Heißgetränks etliche ihrer Hirnfunktionen. Wer die Nager also nicht gerne im Haus hat, bitte keinerlei Cappuccinos, Macchiatos oder einfachen Filterkaffee in einem gemütlichen Ambiente anbieten! Lieber mit Coffee to Go abspeisen. Man wird die ungebetenen Gäste sonst nie wieder los! Bei Menschen hat der Kaffee-Effekt sogar noch stärkere Auswirkungen, stellten amerikanische Psychologen fest. Ein Experiment zeigte, dass jemand, der ein warmes Getränk in der Hand hält, warmherziger reagiert und andere Menschen positiver beurteilt. Probanden, die einen Eiskaffee in der Hand hielten, zeigten sich weitaus kühler.

Vielflieger

Von solchen Gästen kann die Lufthansa nur träumen: Satte 80 000 Kilometer legt nämlich so manche Küstenseeschwalbe pro Jahr zurück. Kein anderes Tier bewältigt derart weite Strecken. Diese Schwalbe ist praktisch der Mallorca-Überwinterer unter den Vögeln. Sie wiegt nur 125 Gramm und kann jederzeit in schöne, helle und sonnige Gefilde abheben, wo sie acht Monate lang bleibt. Nur zum Brüten kehrt sie in die Arktis zurück.

Knappe Kasse für Kitty

Die Deutschen knapsen an allen Ecken und Enden. Der Sparzwang macht auch vor ihren geliebten tierischen Mitbewohnern (die Katze ist übrigens das beliebteste

Haustier der Deutschen) nicht halt. 3,5 Milliarden gaben sie 2009 für die Pflege und Ernährung ihrer Tiere aus. Das sind 1,8 Prozent weniger als 2008. Dafür gibt es in Deutschland 23,3 Millionen Haustiere (Fische und Exoten nicht mitgezählt). Engländer und Franzosen scheinen da tierlieber zu sein, denn sie geben mehr als 4 Milliarden pro Jahr für ihre tierischen Lieblinge aus. Vielleicht trägt Mademoiselle Fifi Mäntel von Karl Lagerfeld und Nigel the Cat kleine Burlington-Trenchcoats?

Auf den Hund gekommen

Er trägt genauso einen Schnauzbart wie sein Rauhaardackel Wastl und neigt ebenso zu neckischen Spielchen, sie hat den gleichen seelenvollen Blick wie ihr Boxer Babsie und einen ähnlich steifbeinigen Gang. Über die Ähnlichkeit zwischen Herrchen, Frauchen und ihren Hunden wird häufig gewitzelt. Doch gibt es einen wissenschaftlichen Nachweis dafür, dass sich Hund und Mensch einander angleichen können? Oh ja, den gibt es, wie einige Studien zeigen. In Amerika fand man heraus, dass mehr als die Hälfte der Testpersonen richtig lag, wenn es darum ging, anhand von Fotos herauszufinden, welcher Hund zu welchem Besitzer gehörte. Allerdings klappte das seltsamerweise nur, wenn es sich um reinrassige Hunde handelte. Die Zugehörigkeit wurde überwiegend anhand des Gesichtsausdrucks von Hund und Besitzer erraten und nicht etwa von der Größe des Tiers oder der Farbe des Hundefells abgeleitet. Dies ließ die Wissenschaftler vermuten, dass manche Menschen sich tatsächlich einen Hund aussuchen, der ihre Persönlichkeit widerspiegelt.

Auf den Menschen gekommen

Aber auch der umgekehrte Fall kann beobachtet werden. Forscher der Universität Wien haben Anzeichen der automatischen Nachahmung, die sonst nur bei Mensch und Wellensittich funktioniert, auch bei den vierbeinigen Freunden entdeckt. Soll heißen, Hund imitiert Mensch. Der Test war einfach: Eine Holzkiste wurde von zehn Hundebesitzern vor den Augen ihrer Lieblinge immer wieder geöffnet – entweder mit dem Kopf oder mit der Hand. Dann waren die Hunde dran. Sie bekamen aber nur dann ein Leckerli, wenn sie zum Öffnen der Kiste ein anderes Körperteil als das, welches ihr Herrchen eingesetzt hatte, verwendeten. Das dauerte sehr lange und gelang auch nur 85 Prozent von ihnen. Die Hunde, die lediglich ihre Besitzer imitieren sollten, konnten das jedoch alle, und zwar auf Anhieb.

Hundewalk, Hundetalk

»Und wie alt ist Ihrer?« Dieser Eisbrecher ist unter Hundebesitzern genauso verbreitet wie unter Müttern. Hundebesitzer seien auch kommunikativer und offener als andere Menschen – das behauptet jedenfalls die Studie der Hundewebsite www.hallohund.de, die mit 1000 Deutschen durchgeführt wurde. Ein weiteres erstaunliches Ergebnis: Hundehalter hielten sich für weitaus bessere Partner in einer Beziehung als hundelose Menschen. Dann heiratet doch euren Hund!

Modern Life – der Mensch und seine Macken

»*Dass ich erkenne, was die Welt im Innersten zusammenhält*«, *deklamiert Goethes Faust zu Beginn des gleichnamigen Werks. Keine leichte Aufgabe für den guten Mann. So richtig wissen wir es heute auch noch nicht. Noch nie war das Leben so bunt, so vielschichtig, so digital, so konsumorientiert. Reichtum, Reisen, Shopping und Sex für alle! Jeden Tag gibt es einen neuen technischen Gag, eine neue unnütze Errungenschaft, verzweifelte Provokationsversuche von selbstgestylten Helden und Bösewichten. Anything goes – doch irgendwie kommt kein Mensch mehr in diesem anstrengenden, lauten, schnellen und rastlosen Informationsinferno zur Ruhe.*

Vielleicht kommen wir der Sache wieder näher, indem wir über uns nachdenken, in uns hineinhorchen und so versuchen, das Rätsel zu lösen. Wer sind wir? Eigentlich im Kern unseres von Mühsal geplagten Herzens doch ziemlich wunderbare, aufrichtige Menschen, gütig und fair, die neidlos und mutig und anständig durchs Leben gehen, den Armen und Glücklosen selbstlos helfen ... Sorry, nicht ganz, das ist Wunschdenken. Der Mensch als solcher ist ambivalent und unvollkommen. Wir lügen und betrügen, begehren unseres Nächsten Weib, versprechen viel und halten längst nicht alles, sind weniger schlau, als wir denken und doch zu großen Gefühlen und Taten fähig. Und das schon seit Jahrtausenden. Betrachten wir unsere entblößten Seelen doch einmal durch die unbestechlichen Augen der Wissenschaftler und Psychologen.

Ich lüge, also bin ich

»Ich erinnere mich ganz genau!« Das wird oft und gerne gesagt, besonders, wenn tolle Geschichten von früher aus der Versenkung geholt werden. Aber unser Gedächtnis ist der fantasievollste Drehbuchautor schlechthin – und es lügt. In einer Emnid-Umfrage für *ZEITWissen* gaben 19 Prozent der Befragten zu, dass sie ihre eigenen Geschichten manchmal ein bisschen »frisieren« würden, um sie interessanter zu machen. Was wir als erlebte Realität wiedergeben, ist häufig eine Mischung aus Erzählungen, Familienfotos und auch Fernsehbildern. Neurobiologen und Psychologen haben gemeinsam versucht zu erkunden, was bei diesem Vorgang in den Köpfen abläuft: Ein amerikanisches Forscherteam zeigte einem Studenten ein manipuliertes Foto, auf dem er als Kind neben Bugs Bunny abgebildet war. Und schon erinnerte er sich an den aufregenden Besuch in Disneyland, wo ihm der Comic-Hase sogar die Hand geschüttelt hat! Das konnte gar nicht wahr sein, denn Disney würde nie eine Figur wie Bugs Bunny, die Erfindung des Konkurrenten Warner Brothers, ungeschoren in Disneyland herumhüpfen lassen. Das menschliche Gehirn ist also doch keine Festplatte, die lediglich objektiv die Ereignisse des Lebens speichert. Rückblickend sehen wir die Welt häufig einfach so, wie sie uns am besten gefällt.

Erfinderische Zeugen

Eben weil unser Gehirn ein wahnsinnig raffiniertes, umtriebiges und leicht manipulierbares Organ ist, wenn man ihm nur geschickt genug zusetzt oder ihm eine rosarote Brille verpasst, kann Zeugenaussagen nur bedingt vertraut werden. Eine amerikanische Psychologin der University of Washington in Seattle, die das Phänomen des kreativen Erinnerungsvermögens studiert, formuliert diesen Umstand sehr schön: »Unser Gedächtnis wird jeden Tag neu geboren.« Das wird den Angeklagten nicht freuen …

Temperamente

Jeder kennt Menschen, die nichts aus der Ruhe bringen kann, und solche, die bei jeder Gelegenheit in die Luft gehen. Forscher haben nun entdeckt, welche Substanzen im Gehirn für das Temperament verantwortlich sind und wie dieses demnach gesteuert werden kann. Es handelt sich dabei um den Nervenbotenstoff Dopamin, zuständig auch für sexuelle Reize, der Emotionen aufkommen lässt, wenn er sich im sogenannten Mandelkern (Amygdala) herumtreibt. Je mehr Dopamin, desto mehr Hitzigkeit und aufbrausendes Temperament. Das Ganze endet mit Türenknallen, Geschrei und impulsiven, später bereuten Handlungen – wenn, ja wenn sich nicht der Vernunftsheriff einschaltet und den höheren Hirnregionen befiehlt, die Amygdala zu beruhigen.

Schuld und Sühne

Ein Mann kommt zu spät oder vergisst den Geburtstag, hinterlässt das Bad wie ein Schlachtfeld und brüllt ohne Grund herum. Findet er das schlimm? Nö, gar nicht. Macht das eine Frau, dann gibt's von ihr tausend eifrige Entschuldigungen und Beteuerungen, sich zu bessern. Wir wissen es alle: Männer neigen bedeutend seltener, und wenn, in deutlich schwächerer Ausprägung, zu Schuldgefühlen als Frauen. In einem spanischen Psychologie-Journal wurde eine Studie veröffentlicht, in der 360 männliche und weibliche Probanden im Alter von 15 bis 50 Jahren befragt wurden, wie schuldig sie sich nach verschiedenen versemmelten Alltagssituationen fühlen. Besonders schuldlos fühlten sich Männer zwischen 25 und 33 Jahren. Etwas mehr Schuldgefühl trat nach dem 40. Lebensjahr auf. Frauen fühlten sich nicht nur ständig für alles Mögliche schuldig, ihre Wut deswegen richtete sich auch hauptsächlich gegen sich selbst.

Neid ...

Die meisten sündigen Triebe und Gefühle, wie Wollust oder Maßlosigkeit, können – zumindest kurzfristig – sogar Spaß machen. Selbst Zorn kann man eine kurze Zeit lang aushalten. Nur ein Gefühl – auf Platz sechs der sieben Todsünden (zwischen Zorn und Hochmut) – fühlt sich böse, nagend und gleichzeitig beschämend an: der Neid. Man kann auf alles Mögliche neidisch sein: auf das

Geld der anderen, ihr Aussehen, ihren Status, ihren beruflichen Erfolg oder ihr Liebesleben. Am allermeisten schämen sich Menschen für ihre Neidgefühle, wesentlich mehr als für Eifersucht, die sogar als menschlich und verständlich gilt. Neid hat jedoch einen viel schlimmeren Nebeneffekt, der einem das Leben sogar ganz vermiesen kann, wie ein amerikanischer Psychologieprofessor der Kentucky-Universität feststellte: Schielt man immer nur auf die anderen, übersieht man die guten und positiven Dinge, die man selber besitzt und die da draußen noch warten – und die man schätzen sollte.

... und Schadenfreude

Forscher fanden heraus, dass das Gefühl des Neids ähnlich wie das der Schadenfreude funktioniert. Gibt es etwas Schöneres für Neider, als wenn dem Beneideten ein kleines (verdientes) Unglück widerfährt und er von seinem angeblich hohen Ross fällt? Durch beide Gefühle werden bestimmte Hormone ausgeschüttet: Der Neid regt die Schmerzregionen an, die Schadenfreude gleicht das Ganze mit einem kräftigen Schub Dopamin wieder aus. Der Vorgang gestaltet sich nach dem Prinzip von Hunger und Durst. Je stärker man diese Bedürfnisse verspürt, desto schöner ist die Befriedigung durch Essen und Trinken. Selbst Affen sind solche Gefühle nicht fremd. Das Yerkes National Primate Research Center in Atlanta führte ein Experiment mit Affen durch, die für das Lösen von kleinen Aufgaben mit Gurkenstückchen belohnt wurden, die sie gerne mochten. Doch mit ihrer Freude war es vorbei, als sie entdeckten, dass andere Affen Weintrauben bekamen. Umgehend unterließen sie es, für den Hungerlohn auch nur einen Fuß zu rühren, und schielten neidisch zu ihren Artgenossen.

Lache, Bajazzo!

Keine Ausreden mehr für mürrische Machos und launische Diven. Wir bestimmen selbst über unsere Stimmung, Fröhlichkeit ist so manipulierbar wie ein hungriges Haustier. Ein Lächeln genügt, und die Laune hellt sich auf, weil der Gesichtsausdruck eines Menschen sich wiederum auf dessen Stimmung auswirkt. Wer keine Miene verziehen kann (Finger weg von Botox!), hat auch Probleme, Trauer oder Zorn zu empfinden. Das bewiesen Forscher des Klinikums der Technischen Universität München anhand von Tests mit Magnetresonanztomografen.

Auch die Körperhaltung hat einen messbaren Einfluss auf die eigene Laune und Leistung. In einer Studie des amerikanischen Colorado College schnitten bei einem Mathematiktest jene Teilnehmer, die vorher drei Minuten lang bewusst aufrecht gesessen hatten, besser ab als ihre Kollegen, die absichtlich herumlümmeln mussten. »Gerade sitzen!«, sagten einem ja früher schon die Lehrer ...

Gefühlsduselei

Lady Gaga macht ein Pokerface, Barack Obama wirkt geradezu somnambul. Manche Menschen haben ihre Gefühle vollkommen unter Kontrolle, andere explodieren alle paar Tage wie eine Bombe. Die meisten jedoch verbergen leidenschaftliche Gefühle – um des Friedens willen. Coolness ist natürlich eine schöne Sache – wo sie passt. Aber seine Gefühle zu unterdrücken oder abzuschwächen, macht einen letztendlich zum einsamen Einzelgänger. Dies bewies eine amerikanische Studie mit 278 jungen Frauen und Männern, die gerade begonnen hatten zu studieren. Diejenigen, die ihre Gefühle am meisten in Schach hielten, hatten es am schwersten, Freunde zu finden.

Crazy Teenies

Teenager tun manchmal völlig verrückte Sachen, die kein Erwachsener (mehr) nachvollziehen kann. Als geistesgestört kann man sie jedoch nicht bezeichnen, meinen amerikanische Psychologen. Nur eben *anders*. Sie sind impulsiv, leicht verführbar, auf der Suche nach Abenteuern, provozieren gern und lieben riskantes Verhalten. Jetzt steht fest, dass sich ihr Gehirn, besonders was Vernunft und kluge Entscheidungen betrifft, tatsächlich auch nach dem 20. Lebensjahr weiterentwickelt. Aus diesem Grund sollten sie für kriminelle Delikte auch anders bestraft werden als Erwachsene.

Vererbter Selbstmord

Der Schriftsteller Ernest Hemingway erschoss sich, wie schon sein Vater – diese tragische Wiederholungsdynamik ist keine große Überraschung laut einer schwedischen Studie, die kürzlich im *Journal of the American Academy of Child and Adolescent Psychiatry* veröffentlicht wurde. Bei Menschen, deren Eltern Selbstmord begangen haben, ist die Gefahr im Vergleich zum Bevölkerungsdurchschnitt doppelt so groß, auch Selbstmord zu begehen. Bei Teenagern und Kindern verdreifacht sie sich sogar, wenn diese jünger als 18 sind. In den USA verlieren jährlich 7000 bis 12 000 Kinder unter 18 Jahren einen Elternteil wegen Selbstmord. In Deutschland nehmen sich jährlich etwa 10 000 Menschen das Leben, bei allerdings sinkender Tendenz. Folgende Personengruppen gelten diesbezüglich als besonders gefährdet: ältere Menschen, Teenager und Menschen mit Migrationshintergrund.

Traumdeuter

Die einen träumen vom Fliegen, vom Nacktsein, haben Sex mit Madonna oder unterhalten sich mit Fröschen. Wie kommt das? Heimliche Wünsche oder nur zu viel Wein am Abend? Freud hielt Träume für wichtige Botschaften aus dem Unterbewusstsein. Für in Bilder verpackte verdrängte Erlebnisse und Gefühle, die Warnung und Inspiration sein können und das widerspiegeln, was im wahren Leben geschieht. Ach was, behauptet hingegen ein Schlafforscher und Psychiater der Harvard-Universität, Träume seien ein rein physisches Nebenprodukt des REM-Tiefschlafs und sonst gar nichts. Das Gehirn beschäftigte sich im Schlaf mit allerlei verrückten Bildern, um fit für den Wachzustand zu sein. Und nur 20 Prozent aller Träume handelten von Personen oder Orten, die der Träumer tatsächlich kennt.

Anstrengende Geheimnisse

Ein potenziell gefährliches Geheimnis oder das Wissen um eine Schuld für sich zu behalten, ist körperlich und geistig enorm anstrengend, weil das Bewusstsein ständig Informationen unterdrücken muss, wie amerikanische Wissenschaftler herausgefunden haben. Doch auch dreistes Schwindeln fällt uns letztendlich gar nicht so leicht. Menschen, die lügen, schauen grimmiger drein als in den Situationen, in denen sie bei der Wahrheit bleiben.

Ewige Lügner

Lügen tun wir trotzdem alle. Und das war schon immer so. Je entwickelter die Spezies, desto routinierter und einfallsreicher wird gelogen. Eine kalifornische Psychologieprofessorin trug 77 Studenten und 70 Einwohnern einer Stadt auf, eine Woche lang ein anonymes Tagebuch über ihre Lügen zu führen. Die Psychologin fand heraus, dass die Studenten im Schnitt zweimal am Tag schwindelten, der normale Bürger hingegen nur einmal. Die eher harmlosen Lügen, zu denen täglich gegriffen wurde, hatten meist den Charakter eines Kompliments, zum Beispiel dem Freund zu sagen, dass man ihn vermisst hat, obwohl das Gegenteil der Fall war, oder ein ungenießbares Essen als lecker zu bezeichnen. Als schwerwiegendere Lügen wurden Untreue dem Partner gegenüber oder das Anschwärzen eines Kollegen genannt. Wie steht es aber nun mit der Reue danach? Doch, ja, viele litten unter quälenden Schuldgefühlen, andere gestanden aber, dass sie immer weiterlogen, weil es beim ersten Mal so schön geklappt hatte. Die Testpersonen, die anhand von Videoaufzeichnungen erraten mussten, welche der gezeigten Personen logen und welche nicht, lagen in knapp der Hälfte der Fälle richtig. 46 Prozent der potenziellen Lügner kamen unertappt davon.

Schäm dich!

Wie und wann lernen Kleinkinder, sich wegen etwas schuldig zu fühlen? Ein langjähriges Experiment, das amerikanische Kinderpsychologen durchführten, bewies, dass Zweijährige sehr genau wissen, wann sie etwas falsch gemacht haben. Nachdem man ihnen ein bereits angeknacktes Spielzeug gegeben hatte, das sofort zerbrach, wenn sie etwas damit machen wollten, wanden sie sich, schauten betreten drein und verbargen das Gesicht hinter ihren Patschhändchen. Das ist eine gute Reaktion, denn zum richtigen Zeitpunkt Schuldgefühle zu entwickeln, scheint eine wichtige Voraussetzung zu sein, damit aus den Kleinkindern von heute rücksichtsvolle Erwachsene von morgen werden. Wichtig ist, so Psychologen, dass man ein Kind nicht beschämt und als schlechte Person betitelt, sondern nur sein Benehmen rügt.

Zum Rotwerden

Peinlich, der dunkle Schweißfleck, oder wenn man beim Schwindeln ertappt wird oder bei *Wer wird Millionär?* nicht mal weiß, dass ein Quadrat vier Ecken hat. Doch am schlimmsten ist das Erröten, von dem vor allem hellhäutige Menschen betroffen sind. In altmodischen Liebesromanen wird es als charmant und reizvoll geschildert, denn es werden ausschließlich junge, unschuldige Damen davon heimgesucht, aber im richtigen Leben gilt Rotwerden als solch ein Handicap, dass sich manche Errötenden sogar einer Operation unterziehen, bei der ein Nervenstrang im Rücken durchtrennt wird. Dabei wird die aufsteigende Röte im Gesicht von den anderen weit weniger kritisch bewertet und als peinlich empfunden als vom Errötenden selbst. Im Gegenteil: Amerikanische Psychologen haben herausgefunden, dass rote Wangen in bestimmten gesellschaftlichen Situationen von Vorteil sein können, weil sie Sympathie wecken und die Kritik an schlimmen Patzern mildern. Dänische Wissenschaftler gaben 66 Studienteilnehmern eine Beschreibung und dann eine Fotografie von Personen, die bei etwas Verbotenem (zum Beispiel beim Fremdgehen) ertappt und viermal mit einem anderen Gesichtsausdruck abgebildet wurden: neutral, neutral mit einer sehr leichten Rotfärbung, verschämt und vor Scham dunkelrot. Die Tester sollten sagen, ob und als wie vertrauenswürdig und sympathisch sie die Abgebildeten empfanden. Die Mehrheit fand die leicht errötete Person am überzeugendsten, egal ob sie nun verschämt oder neutral tat.

Mächtig verlogen

Dem Kellner ein mickriges Trinkgeld geben, aber auf Firmenkosten mit dem Rolls-Royce in den Urlaub fahren. Man hat ziemlich oft Gelegenheit zu beobachten, dass die Reichen und Mächtigen ihre heuchlerischen Handlungen mit zweierlei Maß messen. Macht macht nämlich keineswegs edel, hilfreich und gut. Dies belegen auch die Tests eines niederländisch-amerikanischen Psychologenteams. Ganz besonders dann, wenn sich die Herrschaften ihren Status nicht hart erarbeiten mussten. Typisch sind Reiche, die keine Steuern zahlen wollen, oder Filmstars, die rote Ampeln ignorieren. Besonders frappierend war auch die Doppelmoral von verheirateten Politikern und treusorgenden Familienvätern, die mit einer Geliebten erwischt wurden, offiziell aber Enthaltsamkeit, Treue und Familienwerte propagierten.

Ökologische Doppelmoral

Das kommt uns doch bekannt vor: Der fanatische Biokäufer, der diejenigen mit strafenden Blicken streift, die nach den Billigbananen greifen, steigt anschließend schamlos in seinen riesigen Benzinschlucker – und sieht darin noch nicht einmal unbedingt einen Widerspruch. Erst streng moralisch handeln, dann über die Stränge schlagen, nach diesem Prinzip verfährt der Mensch nun einmal, haben amerikanische Wissenschaftler der Universität Yale aufgezeigt. Auch Marketingforscher bestätigen, dass Kunden sich eher zum Verschwenden entschließen, wenn sie sich vorher sozial eingestellt präsentieren konnten, um Schuldgefühle zu vermeiden. Das ist auch der Grund, weshalb sich Luxusartikel besonders gut verkaufen lassen, wenn versprochen wird, dass ein Teil des Erlöses für einen guten Zweck verwendet wird.

Jesus liebt mich

Für viele Leute scheint der wunderbare Aufkleber wie gemacht zu sein: »Jesus liebt uns alle, aber ich bin sein Favorit«. Denn sie leiden an Selbstüberschätzung, egal, ob es die eigenen Fähigkeiten, ihre gesellschaftliche Position oder ihre Beliebtheit und Wichtigkeit in der Welt betrifft. Und auch wenn Angeber und Aufschneider keinen guten Ruf genießen, so können sie oft lebenswichtige Helfer sein, stellten Psychologen der Columbia Universität fest. Ihr Selbstbewusstsein erlaubt es ihnen, in lebensbedrohenden Krisen, wie zum Beispiel am 11. September 2001 oder in Kriegssituationen, einen klaren Kopf zu bewahren und Führungsqualitäten zu entwickeln. Trotzdem stolpern übertrieben selbstbewusste Menschen auch oft. Und jeder weiß, dass man sehr viel schwerer wieder auf die Beine kommt, wenn man auf selbsterhöhenden Plateausohlen durchs Leben stolziert.

Theorie und Praxis

»Also das würde ich nie tun! *Niemals.*« Das behaupten jedenfalls die meisten von sich. Andere ausnutzen, Informationen erzwingen, hinterm Rücken über jemanden lästern, Geheimnisse ausplaudern, in Gelddingen über die Stränge schlagen, eine kleine Bestechung annehmen. Fakt ist, man tut es eben doch. Zwischen der Vorstellung, wie man sich benehmen würde, wenn …, und wie man sich dann aber tatsächlich verhält, klafft eine große Lücke. Besonders die scheinbaren »Gutmenschen« haben einen übertriebenen moralischen Anspruch. Ein Test mit 251 amerikanischen Studenten der Cornell-Universität zeigte, wie es um die Überschätzung der Moral steht. Die jungen Leute sollten angeben, ob sie eine Benefiz-Anstecknadel für die nächste Veranstaltung der Amerikanischen Krebsgesellschaft kaufen würden. 83 Prozent taten die Absicht kund, mindestens eine davon erwerben zu wollen, glaubten aber zugleich, dass nur 56 Prozent ihrer Kommilitonen dasselbe tun würden. Fünf Wochen später kauften tatsächlich nur 43 Prozent der Großmäuler die Nadel.

Nicht schon wieder!

Der Mensch unterliegt bisweilen dem Wiederholungszwang. Klaus erzählt die Geschichte von dem Blind Date, das sich als Transvestit entpuppte, jetzt schon zum vierten Mal, und Jennifer muss einfach immer wieder diese wunderbare Geschichte von dem Hundebaby, das in die Prada-Tasche pinkelte, loswerden. Vorher fragen sie natürlich: »Hab ich das etwa schon mal erzählt?«, um dann aber sogleich ungehemmt mit dem Programm fortzufahren. Auch wenn sie nur ein müdes Lachen und Augenrollen der gequälten Zuhörer ernten, wozu sind echte Freunde denn da? Fest steht, dass es sehr schwer ist, sich zu erinnern, wem man seine lustigen oder traurigen Erlebnisse bereits erzählt hat. Kanadische Psychologen weisen zwar auf die Wichtigkeit unserer Anekdoten und Geschichten hin, die unsere soziale Identität mit formen, jedoch auch darauf, wie peinlich oder gar berufsschädigend Wiederholungen sein können.

Im Stolz sind alle gleich – und auch nicht

Psychologen halten das Gefühl des Stolzes für die stärkste menschliche Empfindung, noch vor Glück und Zufriedenheit. Doch benimmt sich ein stolzer Spanier anders als ein stolzer Chinese? Keineswegs. In einer amerikanischen Studie wurden Teilnehmer der Olympischen Spiele 2004 bei Judokämpfen beobachtet. Der körperliche Ausdruck von Freude und Stolz nach einem Sieg war bei den

Athleten aus 37 Nationen nahezu identisch, inklusive der 53 blinden Teilnehmer an den »Special Olympics« – und zwar auch jener, die von Geburt an blind waren. Ist es nun gut oder schlecht, stolz zu sein? Und macht es einen Unterschied, ob man auf seine Leistungen oder aber auf seine Nationalität stolz ist? Die Psychologin Jessica Tray von der British Columbia University in Vancouver unterscheidet zwischen »authentischem« und »anmaßendem« Stolz, die beide verschiedenen Persönlichkeiten zugeordnet werden können. Diejenigen, die auf ihre Leistungen stolz sind, gelten als freundliche, emotional stabile, gut in Partnerschaft und Familie eingebundene Zeitgenossen. Die Nationalstolzen hingegen neigen überdurchschnittlich stark zu chronischen Angstzuständen.

Smile or Die

»Sieh das doch positiv!«, lautet eine amerikanische Philosophie, die mittlerweile auch in Deutschland verbreitet ist. Negative Ereignisse werden als eine Art »Geschenk« und Chance betrachtet, denn alles Schlechte birgt angeblich auch das Gute in sich, nach dem Motto, wie wunderbar lehrreich ein Konkurs oder ein fürchterlicher Autounfall ist. Keine gute Idee, die Realität und den Stress zu verdrängen und alles zu versüßen, behauptet ein amerikanischer Neuropsychiater. Schlechte Nachrichten schönzureden oder zu verdrängen, führe zu Depressionen und physischen Krankheiten. Für echte Veränderungen oder neue Sichtweisen sei stets auch Akzeptanz notwendig. Zu diesem Thema schrieb die amerikanische Autorin Barbara Ehrenreich ein ganzes Buch (*Smile or Die: How Positive Thinking Fooled America and the World*), nachdem bei ihr Krebs diagnostiziert wurde und viele ihrer Bekannten ihr dazu rieten, die Krankheit »zu umarmen« und daran zu wachsen.

Das verlorene Selbst

Er wollte eigentlich Rockmusiker werden und sie Ballerina – aber das gewöhnliche Leben kam dazwischen. Heirat, Kinder, ein eher normaler Beruf. Irgendwann trifft es so ziemlich jeden: Man hält Rückschau auf sein Leben, bedauert die verpassten Möglichkeiten … Amerikanische Psychologen haben diese Verhaltensweise des Bedauerns über verlorene Chancen und wie sie das Wohlbefinden beeinflussen, viele Jahre lang studiert. Kurz gesagt: Die Momente des Bedauerns über falsche Entscheidungen sind für das Gemüt emotional aufwühlende Reisen in die Vergangenheit. Man sollte sie besser distanziert betrachten. Studien zeigen, dass jüngere Menschen, die mit sich im Reinen waren, sich selbst die Schuld für ihre falschen Entscheidungen gaben, während Ältere ihre Umwelt dafür verantwortlich machten. Laut den Forschern fährt man am besten, wenn man berücksichtigt, dass es viele verschiedene Ebenen und Gründe gibt, die unsere Entscheidungen beeinflussen, und dass das Glas vielleicht doch eher halb voll als halb leer ist. Wäre man Rockmusiker geworden, hätte man keine Zeit für die Familie gehabt, und als Starballerina dürfte man wohl nie Pizza essen …

Selbstgemachte Drogen

Der Hirnbotenstoff Dopamin belohnt uns mit Glücksgefühlen, besonders, wenn es um Essen und Sex geht. Beides sollen wir schließlich regelmäßig tun, um den Fortbestand der Menschheit zu sichern, und darum geht es immer. Psychopathen ticken in dieser Hinsicht ein wenig anders. Amerikanische Neurobiologen fanden heraus, dass Psychopathen ein unnatürlich gesteigertes Verlangen nach diesem Belohnungshormon haben und dass bei ihnen die Dopaminausschüttung besonders hoch ist. Das heißt, zur Steigerung ihres Lustgewinns gehen sie auch über Leichen, weil das Gespür für Angst vor der Peitsche der Sucht nach dem Zuckerbrot unterliegt.

Geistlose Glotze

Liegt es nur an der fragwürdigen Qualität mancher Unterhaltungssendungen oder am passiven Herumsitzen? Eine amerikanische Studie fand heraus, dass zu viel Fernsehen das Risiko für Depressionen bei Jugendlichen stark ansteigen lässt. Die langjährige Studie mit 4142 Jugendlichen, die zu Beginn des Experiments noch muntere, fröhliche Teenager waren, kam zu dem Ergebnis, dass im Schnitt mehr als sieben Prozent der Teenager nach sieben Jahren Symptome einer Depression zeigten. 17 Prozent der Kids, die mehr als neun Stunden täglich vor der Glotze verbrachten, wiesen depressive Symptome auf – gegenüber den sechs Prozent, die weniger als drei Stunden fernsahen. Jungs waren stärker betroffen als Mädchen, unabhängig von Hautfarbe, Bildung und sozialem Hintergrund. Das Resultat galt nicht für das gute alte Radio. Vielleicht liegt da die Lösung.

Verschwörungstheorien

Marilyn Monroe ist vom Kennedy-Clan ermordet worden, die Baader-Meinhof-Gruppe vom Deutschen Staat, hinter der Heuschreckenplage steckt die russische Mafia, und Obama ist eigentlich ein Alien. Ist alles nur raffiniert vertuscht. Es gibt viele permanent misstrauische Menschen, die sich auch von gegenteiligen Beweisen nicht beeindrucken lassen. Studien aus Amerika zeigen, dass Menschen, die leicht zu beeindrucken sind und sich vor vielem sehr schnell fürchten, dazu neigen, verdächtige Muster auch dort zu sehen, wo eigentlich keine sind. Deshalb sind sie auch so anfällig für Verschwörungstheorien. Ihr starkes Bedürfnis, nach Erklärungen zu suchen – egal, ob diese nun logisch sind oder nicht –, wird dadurch befriedigt.

Auf den ersten Blick

Ein Blick genügt: Dünne Lippen? Der ist bestimmt geizig. Und so fett, wie die ist, muss sie faul und disziplinlos sein. Wir urteilen nach dem Äußeren, schnell ist eine Schublade geöffnet, die mit Vorurteilen gefüllt ist. Gefährlich und gemein eigentlich, aber doch auch verständlich, argumentieren amerikanische Sozialforscher, die sich mit Stereotypisierung beschäftigen. Das schnelle Beurteilen ist nämlich eine sehr wichtige Fähigkeit. Und zwar auch dann, wenn wir danebenliegen! Innerhalb von Sekunden ordnet das Hirn unsere Umwelt einer sachlichen Kategorie zu, wie »das ist ein Hund, dieses ist eine Giftschlange«. Vor Urzeiten stellte dieses Vermögen ein Überlebenswerkzeug dar für das schnelle Erkennen eventuell gefährlicher Situationen, ob sie nun von Menschen oder Tieren verursacht wurden.

Wer hat Angst vorm schwarzen Mann?

»Der sieht aber komisch aus.« Kinder, die mit Vorurteilen aufwachsen, finden alles fremd Aussehende alarmierend. Natürlich ist es Angst, was die Menschen Vorurteile und Rassismus empfinden lässt. Kinder mit dem Williams-Beuren-Syndrom, einer seltenen Erbkrankheit, treten Fremden hingegen häufig völlig fröhlich und angstfrei entgegen – so das Ergebnis einer amerikanischen Studie. Bei Tests mit Bildern von schwarzen und weißen Kindern ordneten die Kinder mit dem Williams-

Beuren-Syndrom sowohl den schwarzen als auch weißen Kindern gleich gute Eigenschaften zu. Die nicht erkrankten Kinder bezeichneten die schwarzen Kinder hingegen häufig als hässlich und dumm.

Alt bleibt Alt

Die niedliche Oma, der zerstreute Tattergreis, Senioren in beiger Kleidung oder der faltige Althippie. Jeder hat so seine Vorstellungen vom Alter. Aber wie werden alte Leute in unserer Gesellschaft gesehen? »Harmlos« und »überflüssig«, so lauten leider zwei der typischen Vorstellungen über jene Menschen, die nicht mehr dem Bild der »wichtigen«, knackigen, sexy Draufgänger entsprechen. Studien haben ergeben, dass es zwei Stereotypen gibt, die langlebiger und anhaftender sind als Pattex und *Germany's Next Top Model*. Es handelt sich dabei um jene, die das Alter und das Geschlecht der Menschen betreffen. Selbst ethnische und rassische Vorurteile sind leichter abzulegen.

Gewalt und Lollies

Die unschuldigen Kindervergnügen sind dahin. Jetzt geht es schon Lolli, Lakritz und Schokolade an den Kragen. Britische Forscher der Cardiff-Universität fanden im Rahmen einer Langzeitstudie mit 17 500 Kindern heraus, dass Kinder, die täglich Süßigkeiten bekamen, als Erwachsene häufiger durch Aggressivität auffielen. 69 Prozent derjenigen, die sich im Alter von 34 Jahren gewalttätig und kriminell verhielten, hatten laut Auswertung als Zehnjährige täglich genascht. Von den friedlicheren 34-Jährigen hatten dagegen nur 42 Prozent als Kind eine tägliche Zuckerdosis erhalten. Dabei hieß ein Werbeslogan in den 60er Jahren »Zucker zaubert. Nimm darum mehr!«. Jetzt müssen Eltern nicht nur Waffen, sondern auch Schokoriegel und Gummibären wegschließen.

Namensprägung

Zuckerzeugs ist aber nicht die einzige Gefahr im Hinblick auf eine kriminelle Neigung. Eine Studie der amerikanischen Shippensburg University will bewiesen haben, dass ein unpopulärer Vorname die Wahrscheinlichkeit, kriminell zu werden, um zirka 9,4 Prozent erhöht. Dabei wurden nach einem Ratingsystem Punkte vergeben: Der beliebteste Name ist demnach Michael mit 100 Punkten, am unbeliebtesten sind Malcolm und Preston mit je nur einem Punkt. Die Forscher betrachteten die Vornamen junger Männer im Jugendgefängnis und stellten fest, dass nur die Hälfte der Namen eine höhere Bewertung als elf erzielte. Schwarze Amerikaner geben ihren Kindern gerne exotische Namen wie Shaquielle und Kanye, weiße wählen dagegen lieber Namen, die mit wohlhabenden Menschen in Verbindung gebracht werden, wie zum Beispiel Madison.

Hässlicher Horst

Es gibt auch eine kleine Studie, in der deutsche Namen unter die Lupe genommen wurden, allerdings ohne kriminelle Bezüge. Der Sozialpsychologe Udo Rudolph von der Technischen Universität Chemnitz stellte einer Testgruppe die folgende trickreiche Frage: Wie attraktiv stellen Sie sich Anna, Johanna und Horst vor? Anna kam in der Vorstellung der Gruppe meist gut weg, Johanna weniger. Horst, ein eher unhipper Name, galt meist als unattraktiver Typ. Die Beurteilung folgte offenbar einer automatisch ablaufenden Vorurteilsschleife: Zunächst beurteilten die Befragten, ob die Namen in ihren Ohren altmodisch, zeitlos oder modern klangen. Daraus leiteten sie dann das vermeintliche Alter der Personen ab und zogen daraus wiederum Rückschlüsse auf deren Attraktivität. Es hat den Anschein, als würden moderne oder vielmehr modern gebliebene Namen den attraktivsten Menschen zugeordnet. Also, Klaus-Dieter, Werner, Harald & Co sowie Renate, Gisela und Gabi – ihr gehört alle zum alten Eisen!

Das Leben als Bühne

Wir sind alle recht begabte Schauspieler und manipulieren zu Hause, im Beruf, im Liebesleben und überhaupt, wo wir nur können, um das zu bekommen, was wir wollen. Der Ehemann präsentiert sich als Depp und lobt die überragenden Organisationstalente seiner Frau, um sich nicht um die Hausarbeit kümmern zu müssen, die Tochter macht ein hübsches Geschenk, demonstriert also Dankbarkeit, damit sie ihre Schulden nicht umgehend an die Mutter zurückzahlen muss, usw. Alles elegante Methoden, um sich vor etwas zu drücken. Auch bei einer fremden Person funktioniert sanfte Manipulation, wenn man etwas bei ihr erreichen will. Man muss ihr nur eine Frage stellen, die sie positiv beantworten kann. Ein Psychologe der texanischen Southern Methodist University führte einen Test durch, bei dem er Kollegen bei Unbekannten anrufen ließ, die einem Besuchstermin in Verbindung mit einer Spende für Wohltätigkeitszwecke zustimmen sollten. Die Hälfte der Gespräche wurden mit der Frage »Wie geht es Ihnen heute?« eingeleitet. Diese wurde positiv beantwortet, und 32 Prozent der Angerufenen akzeptierten einen Besuch. In der zweiten Gruppe kamen die Anrufer gleich zur Sache, mit dem Ergebnis, dass nur 18 Prozent der Angerufenen dem Besuch zustimmten.

Hast du mal 'n Euro?

Liebe Bettler, wenn ihr nächstes Mal ganz sicher sein wollt, ein paar Euros zu schnorren, müsst ihr die Person kurz anfassen. Amerikanische Forscher haben in Experimenten die Bedeutung des Körperkontakts studiert. Die Chance, von einem Fremden Geld zu bekommen, erhöht sich durch eine kurze Berührung am Arm um 20 Prozent. Die Strategie des sanften Touches kann sogar bei der Partnersuche helfen. Der französische Psychologe Nicolas Guégen trug einem Mitarbeiter auf, Frauen in einer Disco zum Tanzen aufzufordern. Bei der Hälfte seiner Versuche berührte er die Auserwählten kurz am Oberarm. 65 Prozent der Tanzmäuse willigten ein, 43 Prozent der anderen Gruppe wandten sich kühl ab. Oh ja, touch me, Baby!

Seid nett zueinander

Man sieht ein Kind weinen und streichelt ihm über den Kopf, hilft der alten Frau über die Straße, macht Schwangeren in der U-Bahn Platz oder hört den eigentlich langweiligen Tiraden der besten Freundin über Männer zu. Empathie macht das Leben leichter, aber ist Einfühlungsvermögen angeboren, oder erlernt man es? Amerikanische Hirnforscher haben zwei verschiedene Theorien über Empathie entwickelt. Nach einem Konzept können wir nur die Gefühle von Mitmenschen erfassen, die wir aufgrund eigener Erfahrung kennen. Dem widerspricht die These, dass spezielle Hirnzellen (Spiegelneuronen), die hinterm Ohr sitzen, automatisch das Innenleben anderer Menschen simulieren. Vittorio Gallese, einer der Entdecker der mitfühlenden Neuronen, spekuliert, dass die Nervenzellen es ermöglichen, Ziele, Absichten und Ansichten unserer Mitmenschen zu begreifen.

Leicht verstimmt

Jeder fünfte Deutsche mag seine Stimme nicht, ja mehr noch, er findet sie sogar furchtbar, meldete 2010 der *Focus*. Das ist aber insoweit nicht ganz nachvollziehbar, als man seine eigene Stimme ja nicht objektiv mit den Ohren der anderen hören kann. Und nur wenige testen sich diesbezüglich mit Video- oder Tonbandaufnahmen, auch haben sicher nicht allzu viele Menschen die Möglichkeit, sich selbst als Nachrichtensprecher zu erleben oder als Gast in einer Talkshow. Unbestritten ist jedoch die große Bedeutung der Stimme – mit ihr wird gespielt und manipuliert, sie kann heiser oder sonor, gurrend, sexy, keuchend, piepsig, wispernd, schrill, donnernd und vieles andere mehr sein. Vor allem Frauen hören bei Männern ganz genau hin. Am meisten fühlen sie sich zu männlichen, sehr tiefen Stimmen hingezogen.

Piepstöne

Männer empfinden es häufig als unangenehm, wenn mehr als drei Frauen zusammensitzen und schnattern. Zu unbeherrscht laut, zu mächtig wirkt dieses weibliche Stimmengewirr auf sie. Sie lieben die zarten, leicht piepsigen Kleinmädchenstimmen. Dies gilt ganz besonders im Berufsleben. Amerikanische Studien haben gezeigt, dass vor allem beruflich sehr erfolgreiche Frauen dazu neigen, sanft, hoch und eher zögernd zu sprechen, um Gehör zu finden und nicht zu dominant und abschreckend zu wirken. Kurz gesagt: Männer bevorzugen anscheinend Stimmen, die so klingen, wie Barbie aussieht …

Blödsinn macht schlau

Dalí malte zerlaufende Uhren, Alice im Wunderland traf nervöse Kaninchen und sprechende Katzen – alles fantastische Dinge, die jeglicher Logik entbehren – surrealistisch eben. Doch es spricht etliches für das Absurde. Eine in Kalifornien durchgeführte Studie kam zu dem Ergebnis, dass es gerade solche Verrücktheiten sind, die das Hirn anregen, ganz bestimmte mathematische und sprachliche Muster wahrzunehmen, die es normalerweise übersehen würde. Der Grund: Das Gefühl der Absurdität ist so ausschließlich, dass wir auf anderen Ebenen nach der Bedeutung des Ganzen suchen. Und gerade das ist gut für das Gehirn, denn Angespanntheit führt zu einer verschärften Aufmerksamkeit. 20 Studenten lasen eine Kurzgeschichte, die auf Kafkas Erzählung *Der Landarzt* basierte. Die Geschichte von dem kleinen Jungen, der abwechselnd mal Zähne, dann wieder keine trägt, ist völlig absurd – eben »kafkaesk«. Danach stellte man den Studenten eine komplizierte mathematische Aufgabe, die Kreativität erforderte. Sie bewältigten die Aufgabe um 30 Prozent besser als jene Studenten, die vorher eine ganz normale, logische Kurzgeschichte gelesen hatten. Vielen Dank, Franz. Auch für den armen Käfer Gregor.

Unvergessliche Promis

Ein Experiment mit 60 Studenten einer amerikanischen Universität lieferte ein interessantes Resultat. Die Hälfte von ihnen sollte 50 berühmten Persönlichkeiten, deren Gesichter auf einer Videoleinwand abgebildet waren, 50 Fakten aus verschiedenen Themenbereichen laut erzählen. Die andere Hälfte sollte nur stumm lesen – und bekam die Prominenten erst danach zu Gesicht. Wer konnte sich noch erinnern, wem was erzählt zu haben? Die Studenten ohne sofortige Bildzuordnung konnten sich um 16 Prozent weniger erinnern als die, die zu Madonna und anderen gesprochen hatten. Was soll uns das Experiment aber jetzt sagen? Dass wir uns prominentere Freunde suchen sollen, um dieselben Geschichten nicht dauernd noch mal zu erzählen?

Man gönnt sich ja sonst nichts

Kann man Frauen immer mit Luxus ködern? Bei einem Experiment der Stanford-Universität wurde den teilnehmenden Frauen ein Los gegeben, das erst drei Monate später gezogen würde. Man fragte sie, was sie im Falle eines Gewinns gern bekommen wollten: 85 Dollar in bar oder ein Gutschein für Massagen und verwöhnende Gesichtsbehandlungen in einem Wellnesscenter im Wert von 80 Dollar? Über ein Drittel der Frauen entschied sich für Letzteres, mit der Erklärung, sich so zum Luxus zwingen zu wollen. Denn Bargeld würde nur für andere, alltägliche Dinge wie Miete oder Essen ausgegeben werden.

Carpe diem

Geld ausgeben, sich verwöhnen – wunderbar! Doch dann kam die Wirtschaftskrise und mit ihr das schlechte Gewissen. Sparen, sparen, sparen und an die Zukunft denken, so lautet die neue panische Devise. Doch das ist nicht unbedingt gut und richtig, behaupten Psychologen und Wissenschaftler. Denn häufig bleibt im Rückblick das Gefühl, etwas im Leben versäumt zu haben. Man fürchtet, zu wenig in der Gegenwart gelebt und auch an Spaß und Abenteuer vorbeigelebt zu haben. Kaufrausch und Vergnügungssucht können zwar ein gleich nach dem Genuss einsetzendes schlechtes Gewissen produzieren, doch verliert sich das sehr stark mit der Zeit, wie eine amerikanische Studie der Universitäten Columbia und Harvard zeigt. Studenten gaben am Anfang der Semesterferien an, nicht genug gearbeitet oder Geld gespart zu haben. Ein Jahr später aber war all das vergessen. Im Gegenteil, sie bedauerten, nicht mehr Geld ausgegeben und sich nicht mehr amüsiert zu haben. Bei einem Klassentreffen 40 Jahre nach dem Ende der Schulzeit bedauerten es die damaligen Abgänger noch mehr, dass sie sich in ihrer Jugend nicht genug vergnügt und Geld für schöne Reisen ausgegeben hatten. Also, das Hier und Heute genießen, nach Katmandu reisen, sich etwas Schönes kaufen. Keiner wird am

Totenbett seufzen: »Hätte ich bloß den billigeren Flachbildfernseher genommen!«

Spendenlust, Spendengeiz

Die Spendierhosen werden in Deutschland nicht auffällig oft getragen. Im Gegensatz zu Amerika, dem Land der Spendenkönige, dessen Motto schon immer lautete: Wer reich ist, soll teilen. Und daran halten sich die Top-Verdiener aus Wirtschaft und Medien, so wie Bill Gates und Ted Turner. 40 US-Milliardäre haben zugesagt, mehr als die Hälfte ihres Vermögens für wohltätige Zwecke zu spenden, aber Deutschland beobachtet dieses Geschehen mit misstrauischem Geiz. Laut einer neuen repräsentativen Umfrage, die das Marktforschungsinstitut YouGov mit 1042 Deutschen durchführte, bewerten nur 50 Prozent diese Haltung positiv. 19 Prozent der Deutschen trauen dem Altruismus nicht so recht und glauben, dass sich dahinter eine »PR-Geschichte« verbirgt, 22 Prozent vermuten sogar ein Eigeninteresse der amerikanischen Milliardäre. Acht Prozent fanden immerhin, dass der Staat Reiche verpflichten sollte, nach ihrem Tod drei Viertel ihres Kapitals gemeinnützigen Zwecken zur Verfügung zu stellen.

Grün und großzügig

Bei manchen ist die Botschaft wohl angekommen, denn die Umweltorganisation Greenpeace hat im Jahre 2009 die höchste Spendensumme ihrer Geschichte eingenommen. Satte 46 Millionen Euro, drei Millionen mehr als 2008. Vielen ist wohl doch bei den zahlreichen Hitzewellen, Überflutungen, schmelzenden Eisbergen und rasenden Tornados mulmig geworden, denn der Schwerpunkt des Engagements von Greenpeace bleibt der Klimaschutz. Und: Knapp die Hälfte der Einnahmen stammt aus Erbschaften. Wurden diese testamentarisch festgelegt oder freiwillig von den Erben gespendet?

Knickerige Hanseaten

Habt ihr das gehört, liebe Hamburger? Denn Geld haben sie wie Heu, die reichen und feinen Hanseaten. Ein Großteil davon wird in gediegene Maßkleidung, Luxusimmobilien und teure Prestigeautos investiert, der Rest bleibt schön auf dem Bankkonto. Hamburger sind somit die geizigsten Deutschen, behauptet *Die Zeit* in einer Art Städte-Sündenregister. Die Berliner hingegen – die als rüpelhafte Prolls ohne Geld gelten – verüben die meisten Körperverletzungen pro Einwohner. Die Münchner, eitel, promigeil und societybewusst, legen sich gern unters Messer. In der Wurst- und Biermetropole gibt es die meisten Schönheitsoperationen.

Deutsch-deutsche Berührungsängste

Einst hießen sie, zugegebenermaßen etwas pathetisch, unsere »Brüder und Schwestern in der Zone«, dann fielen die Mauer und Ost und West sich gegenseitig in die Arme, man verschenkte Bananen, schwenkte Fahnen, und alle waren glücklich. 20 Jahre später wird laut Statistik immer noch gefremdelt. Vielleicht liegt es am Sächseln, vielleicht an der uncoolen Kleidung oder der Vorliebe für süßen Wein: Nur vier Prozent aller Ehen in Deutschland werden zwischen Ost- und Westdeutschen geschlossen. Auch haben wir zwar eine ostdeutsche Kanzlerin, aber nur fünf Prozent der deutschen Elite stammt aus dem Osten. Dazu kommt das vernichtende Urteil jedes zweiten Westdeutschen über die angeblich wenig engagierten ostdeutschen Mitbürger, die gerne als »Jammer-Ossies« bezeichnet werden. Vielleicht liegt es daran, dass ein Drittel aller Westdeutschen noch nie im Osten war?

Midlife-Crisis?

Wir alle haben schon von ihr gehört und ziehen sie häufig als Entschuldigung für ein völlig bizarres, oft peinliches Benehmen heran: die Midlife-Crisis. Und die bricht komischerweise dann aus, wenn die meisten von uns endlich wissen, wer wir sind – um dann zu entdecken, dass wir unsere Jugend verloren haben und der Sensenmann wartet. Und doch ergab eine Studie, die mit 8000 Amerikanern zwischen 24 und 75 durchgeführt wurde, dass zwar jeder das Wort Midlife-Crisis kannte, aber nur acht Prozent glaubten, dass sie etwas mit dem Alter zu tun hat, und nur 23 Prozent der altersmäßig infrage Kommenden gaben an, dass sie sich in einer befänden. Vielmehr äußerte die Mehrheit, dass sie sich mit fortschreitendem Alter besser fühle. Es scheint, als hätten wir es dem Jugendkult und nicht dem eigenen Empfinden zu verdanken, dass besonders Männer eines Tages aufwachen, merken, dass sie nicht mehr 25 sind, ein rotes Sport-Coupé kaufen und die Freundin ihrer Tochter anbaggern.

Me no speak German

Wir kennen natürlich alle von Kind an Tickets, Moviestars, Hits, Bestseller, Popcorn und Trend. Aber muss es ein Event geben, das man stylish angezogen, mit Make-up, Sneakers und Anti-Age-Cream im Face besucht, um eine coole Performance anzusehen? Das Institut für Demoskopie Allensbach fand 2009 bei einer Umfrage heraus, das 65 Prozent der deutschen Bundesbürger einen Verfall der deutschen Sprache befürchten. Bei den über 60-Jährigen sind es sogar 73 Prozent. Dazu kommen noch die massenhaften furchtbaren Satzneukonstruktionen. »Be Berlin« lautet allen Ernstes ein Werbespruch unserer Hauptstadt, und all die Dinge, die »by Heidi Klum« sind, kennen wir auch zur Genüge. Andererseits aber: Wie kann man Service-Hotline ins Deutsche übersetzen? Oder Flatrate? Heißer Draht und monatliche Pauschale? Aber eine Art, sich zu äußern, wird es wohl immer geben. Siehe unten.

Lästermäuler

»Hast du Babs gesehen? Wenn die nicht radikal abnimmt, kann sie bald rumrollen wie eine Tonne! Wahrscheinlich kriegt sie nicht genug Sex!« Oder: »Stefan ist der gewaltigste Kotzbrocken unter der Sonne. Selbst seine Eltern haben ihn rausgeschmissen.« Ja, lästern macht Spaß. Zumindest finden das elf Prozent der Deutschen, die täglich abfällig über ihre Nachbarn und Arbeitskollegen reden.

Werbung macht Spaß

Werbeunterbrechung – Fluch oder Segen? Zwei amerikanische Studien, die das Verhalten von Konsumenten untersuchen, behaupten, dass jede Unterbrechung, egal ob langweilig oder angenehm, eine Fernseherfahrung bedeutend intensiver machen kann. Dazu gehört auch der Werbespot. Die New Yorker Universität ließ 87 Studenten eine Comedyserie ansehen. Der einen Hälfte der Studenten wurde die Fassung mit Werbung gezeigt, der anderen die ohne. Mit dem Ergebnis, dass die jungen Leute mehr Spaß an der Sendung *mit* den Werbespots hatten. Allerdings: Bei Sendungen mit besonders kompliziertem Inhalt werden Unterbrechungen als sehr störend empfunden.

Das Leben als Chat-Room

Sind Ihre Facebook-Freunde interessanter als Ihre echten? Sagen Sie Verabredungen ab, um am Computer zu bleiben? Wenn ja, sind Sie auf dem besten Weg, Ihre Persönlichkeit von der Technologie verändern zu lassen. Einige Studien bestätigen, dass die exzessive Abhängigkeit von Internet, Handys und anderem technischen Schnickschnack nicht nur vergesslich, ungeduldig, impulsiv und narzisstisch macht, sondern auch einer gewöhnlichen Sucht gleicht. Wissenschaftler der University of Melbourne in Australien führten mit 173 Studenten Tests durch, um die Risiken für problematische Internetbenutzung und Glücksspiele zu untersuchen. 10 Prozent von ihnen fielen in die Risikogruppe für Internet-Sucht. Eine Professorin der St. Bonaventure University in New York, die sich mit der süchtig machenden Technologie beschäftigt, vergleicht das Problem mit einer Essstörung. Internet-Junkies sollten sich daher wie jeder andere Verhaltensgestörte einer Therapie unterziehen, schlussfolgert sie. Bei einer anderen Studie wurde 200 Studenten einen Tag lang verboten, elektronische Medien zu benutzen. Resultat: Ohne SMS und E-Mails fühlte sich ein großer Teil der Personen einsam und von der Welt abgeschnitten.

Gefährlicher Speicherplatz

Das Gehirn ist unser persönlichster, ureigenster Speicherplatz. Es speichert vor allem all die wichtigen Dinge, die uns im wirklichen Leben passieren, nicht online! Das wird inzwischen allzu oft verwechselt. Psychologen sehen genau darin einen noch viel schädlicheren, weil unbewussten Effekt. Durch die Schnelligkeit des Internets und die Effizienz der Smart-Phones entwickeln wir praktisch eine unechte Persönlichkeit. Die riesige Speicherkapazität moderner Computer verführt dazu, alle möglichen unwichtigen, alten E-Mails aufzuheben – und deshalb keinen Platz mehr für neue Erlebnisse und wertvolle Erinnerungen zu haben. »Bringen 500 Fotos vom Urlaub positivere Erinnerungen als die vielleicht sechs, die wirklich schön und wichtig sind?«, fragt das Buch *Virtually You: The Internet and the Fracturing of the Self* des amerikanischen Autors Dr. Elias Aboujaoude. Anderen Wissenschaftlern bereitet es Sorge, wie unmöglich es geworden ist, dem Einfluss des Internets zu entfliehen. Einige Experten raten dazu, die Zeit, die man online verbringt, einzuschränken, E-Mails nur zu bestimmten Zeiten zu lesen und auch das Handy öfter abzuschalten. Ja, und was macht man dann mit der freien Zeit? So tun, als hätte man sie nicht!

Zeitlügen

Ins Kino oder Kaffee trinken gehen? Eine neue Ausstellung im Museum besuchen? Soll das ein Witz sein? Dafür hat ja nun kein moderner Mensch ein »Zeitfenster« übrig. Man ist voll ausgebucht, und zwar 24/7 (das heißt in der Trendsprache soviel wie »rund um die Uhr«), hat keine Zeit für Spaß und Spiel, höchstens für Gestöhne über Stress. Die Deutschen leiden unter Zeitnot, so scheinen es aktuelle Studien zu belegen. Laut einer Untersuchung der Nürnberger Gesellschaft für Konsumforschung beklagt sich jeder zweite Berufstätige über zu wenig Zeit. Nur knapp 20 Prozent der Befragten scheinen ausreichend davon zu besitzen (aber immer noch genug, um Forscherfragen zu beantworten). Der Rest versucht verzweifelt, die Zeit zu managen wie einen Betrieb. Nützt gar nichts, weiß der renommierte Zeitforscher Karlheinz Geißler, denn Zeit ist kein Gegenstand. Die Soziologin Nadine Schöneck, die ebenfalls die Zeitknappheit erforscht, geht noch einen Schritt weiter und entlarvt Zeitstress als geschickt eingesetzten Mythos. Der Zeitdruck wirkt stark übertrieben. Vielmehr scheint es sich bei den Superbeschäftigten auch um ein Statussymbol zu handeln, das zum Ausdruck bringen will: »Ich bin wichtig, ich bin beliebt, ich bin beschäftigt.« Wer nicht immer erreichbar und ständig verfügbar ist, also nichts mit Facebook, Twitter, iPhone, Youtube usw. zu tun haben will, der macht sich in unserer Gesellschaft automatisch verdächtig.

Greifbar daneben

Eigentlich möchten wir wenigstens dem Gehirn trauen und an seine Unbestechlichkeit glauben. Von wegen. Die Wahrheit ist nicht immer in seinem Interesse. Vielmehr erzählt es seinem Besitzer kleine Geschichten und motiviert ihn mit Illusionen und nützlichen Lügen. So produziert unser Gehirn das Gefühl, etwas sei zum Greifen nahe, wenn wir ein Objekt sehen, das wir unbedingt haben wollen. Psychologen der New Yorker Universitäten führten dazu ein ungewöhnliches Experiment durch: Den Testteilnehmern wurden Gutscheine im Wert von 25 Dollar oder ohne Wert vorgelegt. Anschließend sollten sie kleine mit Bohnen gefüllte Säckchen darauf werfen, um in den Besitz der Gutscheine zu gelangen. Das überraschende Ergebnis: Ausgerechnet die 25-Dollar-Gutscheine wurde schlechter getroffen als die wertlosen. Meist landete der Beutel vor dem Gutschein. Der Grund hierfür lag darin, dass das Gehirn den Probanden offenbar eine kürzere Entfernung vorgegaukelt hatte, um das Ziel erreichbar erscheinen zu lassen. Nur leider verkalkulierte sich das freudig erregte Hirn, wodurch der gewünschte Gutschein verfehlt wurde.

Arztbestechung

»Hier, für Sie!« Kleine Geschenke, etwa ein Kugelschreiber oder ein Kaffeebecher mit dem Namen eines Medikaments, erhalten Ärzten nicht nur die Patienten, sondern helfen tatsächlich, Produkte zu verkaufen, wie amerikanische Forscher feststellten. Sie arbeiteten mit 352 Medizinstudenten im dritten Lehrjahr an zwei Universitäten, an denen jeweils Geschenke und Musterpackungen von der Pharma-Industrie verboten oder erlaubt waren. Die Studie kam zu dem Ergebnis, dass die Studenten, an deren Universität freie Proben erlaubt waren, ein bestimmtes Cholesterin-Präparat bedeutend günstiger einschätzten als die Studenten, an deren Universität sie verboten waren. Aber auch geschicktes Marketing bekannter Namen nutzt. Weitere Tests ergaben, dass die meisten Studenten ein bekanntes Medikament einem No-Name-Produkt vorzogen, nachdem sie vorher Notizbücher und andere Büroartikel mit dem aufgedruckten Namen des Präparats erhalten hatten. Auch Ärzte sind nicht immun gegen »Branding« und Logos. In Amerika statten Arzneimittelvertreter den Ärzten gern mit Geburtstagsgeschenken, Champagner und Freikarten für den Zirkus einen Besuch ab, um teure Pillen zu verkaufen.

Business as usual – die Welt der Arbeit

Die meisten Menschen arbeiten, und zwar ziemlich hart und verdammt lange, im Schnitt fast 40 Jahre, ohne dabei besondere Reichtümer anzuhäufen. In dieser Zeit, zwischen erstem Gehalt und launiger Abschiedskarte der Kollegen zum »wohlverdienten« Pensionärsstatus, kann viel passieren, egal, ob als Arbeitnehmer oder Arbeitgeber, ob überfordert und unterbezahlt oder nicht. Nur wenige können es sich leisten, auf ihren Beruf zu verzichten, er ist unentrinnbar immer präsent. Das Verhältnis zur Arbeit kann lauwarm oder enthusiastisch sein, viele lieben oder hassen ihren Job, langweilen sich oder gehen in ihm auf, sind zermürbt von der Monotonie, gestresst von den immer schneller werdenden technischen Herausforderungen, von intriganten Kollegen an den Rand des Wahnsinns gebracht, oder aber sie kommen schwingenden Schrittes morgens zur Arbeit (weil sie der Boss sind und andere für sich arbeiten lassen können), um nach Lust und Laune zu delegieren und zu kommandieren. Doch wie sieht es in der Berufswelt wirklich aus, wenn die Studienexperten sich einmischen und Arbeitsmoral, Sexismus, Tricks und anderen Szenarien im Haifischbecken auf den Grund gehen?

Leistung auf Rezept

Laut DAK dröhnen sich zirka zwei Millionen Deutsche regelmäßig oder zumindest gelegentlich mit Aufputschmitteln zu. Hauptsächlich, um im Beruf besser zu funktionieren und um die Leistungsfähigkeit zu steigern. Alles auf Rezept. Auf den Arzt müssen sie sehr überzeugend wirken ...

Von Männern gemobbt

Fiese Lästereien, Gerüchte und Intrigen – etwa 800 000 Menschen werden jährlich in Deutschland gemobbt, schätzen Experten. Die Diskriminierung aus Gründen wie Alter, sozialem Hintergrund, Aussehen, Rasse oder sexueller Orientierung nimmt sogar zu. 75 Prozent der Opfer sind Frauen – wer hätte das gedacht? Vor allem männliche Mitstreiter wollen die allzu fleißigen und fähigen Frauen gerne wieder loswerden, damit sie selbst als tolle Hechte dastehen. Besonders in ehemaligen Männerdomänen wie Polizei und Feuerwehr sind Frauen nach wie vor unerwünscht. Ebenso wie in den meisten Führungsetagen diverser Unternehmen. Übrigens: Erst seit 2006 sind Klagen im Rahmen des Gleichbehandlungsgesetzes möglich. Schade, denn wenn man bedenkt, was jahrzehntelang in Chefetagen praktiziert wurde, vom Pokneifen bis zum abschätzigen »Schätzchen, hol mal Kaffee!«, gäbe es heute sicherlich so einige wohlhabende weibliche Angestellte.

Lady Boss

Und wenn sie es erst einmal auf den Chefposten geschafft haben, sind Frauen dann die besseren Führungskräfte? Natürlich sind sie es, so die Vize-Präsidentin einer amerikanischen Verlagsgruppe, und sie will auch den Grund dafür zu kennen: Frauen sind einfach die besseren Manager und Ratgeber. Außerdem sind sie »Multi-Tasker«. Laut ihren Beobachtungen sind Männer leicht ablenkbar, sie reden während einer Sitzung über Fußball, über ihre Kinder oder spielen mit ihrem Blackberry. Frauen können sich tatsächlich besser auf eine Sache konzentrieren und arbeiten härter. Ihr Geheimnis? Training im Haushalt. Frauen sind die besten Organisatorinnen der Welt. Aber unter sich nicht immer sehr freundlich zueinander.

Meine Chefin ist ein Arschloch, Ihre auch?

Er brüllt, intrigiert, sabotiert und lässt Untergebene zittern und schwitzen, nutzt sie aus und macht sie krank. Jeder kennt so einen Boss aus der Hölle und fürchtet ihn wie Luzifer höchstpersönlich. Und welches Geschlecht hat der böse Chef meist? Er ist männlich. Aber – und das ist wenig schwesterlich – rund 40 Prozent der fiesen Sklaventreiber sind Frauen, fand eine amerikanische Organisation heraus, die sich Workplace Bullying Institute nennt. Aber es kommt noch schlimmer. Während Männer ihre Untergebenen beiderlei Geschlechts gleichermaßen schikanieren, suchen sich Chefinnen zu über 70 Prozent weibliche Mitarbeiterinnen aus.

Karriereknick

Chefärztin hätte man werden können, Finanzdirektorin oder Kunsthistorikerin, ja sogar Theaterregisseurin, warum nicht? Genug Talent und Ambitionen waren schließlich vorhanden. Aber dann kam die große Liebe und bald danach Tobias und später Alice. Aus der Traum. Jede zweite Frau hat wegen der Doppelbelastung von Familie und Beruf mindestens einmal ihre Karrierewünsche aufgegeben oder geändert. Das geht aus der neuen Emnid-Umfrage (veröffentlicht von der Bertelsmann-Stiftung) hervor, an der 1029 Männer und Frauen teilnahmen. Fast 90 Prozent sehen Frauen durch die Doppelbelastung benachteiligt, 71 Prozent glauben, dass männliche Führungskräfte Frauen ausgrenzen, 60 Prozent betrachten eine Frauenquote als hilfreich für weibliche Karrieren. 60 Prozent glauben, dass eine bessere Ausbildung helfen würde. Drei Viertel der 50- bis 60-Jährigen finden, dass Männer und Frauen in Deutschland nicht die gleichen Karrierechancen haben, dafür glauben die 16- bis 29-Jährigen umso mehr an Chancengleichheit.

Ich häng dann mal rum ...

Einst, vor allem in den 60er Jahren, wurden junge Arbeitnehmer von Arbeitgebern noch heftiger umworben als eine heiratswütige Königstochter. Heute haben junge Menschen es schwerer. Die weltweite Jugendarbeitslosigkeit ist im Jahre 2009 auf Rekordniveau gestiegen. Die Internationale Arbeitsorganisation (ILO) teilte mit, dass 81 Millionen Menschen zwischen 15 und 24 Jahren keinen Job hatten. Das entspricht 13 Prozent. Bei den jungen Leuten im Nahen Osten und in Nordafrika sind es sogar über 23 Prozent. In Deutschland waren im vergangenen Jahr in der genannten Altersgruppe 10,5 Prozent ohne Job. Schlecht bezahlt sind die meisten Jobs auch noch. 24 Prozent der jungen Menschen gelten trotz Lohn als arm.

Bombensicheres Studienfach

Jungs basteln gerne, das weiß jeder. Und selbst bei Studien, in denen kleinen Jungs in einem Haufen Spielzeug auch Puppen angeboten werden, nehmen sie sofort Autos, Flugzeuge und Kräne in ihre Patschhändchen. Mädchen machen dasselbe mit Puppen und niedlichen Stofftieren. Ein britisches Forschungsteam untersuchte die Profile von 284 muslimischen Dchihadis und fand heraus, dass 69 Prozent von ihnen studiert hatten, davon wiederum 44 Prozent Maschinenbau. Die Studie zeigte zugleich, dass Mitglieder von al-Qaida im Durchschnitt über eine höhere Bildung verfügen als durchschnittliche britische Angestellte.

Sexy wie ein Statistiker?!

Als der Google-Chefökonom Hal Varian nach lukrativen und zukunftssicheren Berufen befragt wurde, prophezeite er: Den besten und »sexiesten« Job haben die nächsten Jahre die Statistiker. Und in der Tat: Studierende der Statistik sind derzeit sehr gefragt. Vermutlich, weil im Internet so überwältigend viele Daten kursieren, denen man sonst kaum noch Herr werden würde. Zudem ist der Job sehr gut bezahlt, und wie wir wissen, macht Geld statistisch gesehen ja auch sexy.

Die Wissenschaft der Wissenschaft

Kein echter Wissenschaftler würde seinen Job als sexy bezeichnen, sondern eher zum An-die-Decke-Gehen. Besonders interessant ist es, wenn ein Wissenschaftler selbst untersucht, wie wissenschaftliche Studien entstehen. Der amerikanische Forscher Kevin Dunbar untersuchte jahrelang Testresultate in vier Labors der Stanford-Universität, mit dem doch sehr überraschenden Ergebnis, dass Wissenschaft eine sehr frustrierende Beschäftigung ist. Im Schnitt fielen 50 Prozent der Resultate von Untersuchungen gänzlich anders als die jeweiligen Erwartungen aus, obwohl die Wissenschaftler außerordentlich komplizierte und exakte Theorien darüber aufgestellt hatten, was passieren müsste. Kurz gesagt: Die Wissenschaftler suchten nach X, fanden aber Y. Das ist wie mit netten Zufallsbekanntschaften.

Schlechte Laune, gute Arbeit

Fröhliche Angestellte sind allseits beliebt und geschätzt, denn sie verbreiten gute Stimmung. Büromuffel hingegen mag niemand. Doch nun kommt die Überraschung: Gut gelaunte Menschen sind nicht immer die besseren Arbeiter. Warum nicht? Sie lassen sich leichter ablenken. Das fanden Forscher der Universität Toronto in Kanada heraus. Von 24 Studenten hörte die eine Hälfte ein trauriges Stück von Prokofjew, die andere die beschwingte Jazzversion eines Bach-Konzerts. Im Anschluss lasen sie Texte mit Fakten über Kanada, an deren ungewöhnlichste Worte sie sich hinterher erinnern sollten. Das Ergebnis: Als sich die Studenten, die dem fröhlichen Jazz gelauscht hatten und scheinbar bester Laune waren, auf bestimmte Wortkombinationen konzentrieren sollten, schnitten sie um 40 Prozent schlechter ab als jene, die traurige Musik gehört hatten. Vielleicht in Büros nur traurige Musik dudeln lassen? Oder gar keine?

Millionenverlust durch Unhöflichkeit

Studien zweier Managementprofessorinnen der University of Southern California in Los Angeles und der Thunderbird School of Global Management in Arizona fanden heraus, dass faires, freundliches und respektvolles Benehmen am Arbeitsplatz nicht nur als angenehm gilt, sondern sogar die Voraussetzung für den kommerziellen Erfolg einer Firma darstellt. Unverschämtheit und Respektlosigkeit von Vorgesetzten gegenüber Mitarbeitern haben verheerende Folgen, die einen Dominoeffekt bewirken. Von rund 9000 Beschäftigten, mit denen die Wissenschaftlerinnen über viele Jahre eingehende Interviews führten, waren 96 Prozent selbst schon einmal rüde behandelt worden, und 99 Prozent hatten dreiste und unhöfliche Chefs beim Umgang mit ihren Mitarbeitern beobachtet. Nicht nur die Gesundheit leidet. Die Studien fanden heraus, dass sich dadurch auch die Kreativität und Konzentration um bis zu 30 Prozent verminderte. Obendrein rächen sich 94 Prozent der Beleidigten direkt an der ausfallend gewordenen Person, 88 Prozent schädigen als Vergeltung das gesamte Unternehmen, 48 Prozent reduzieren absichtlich die Arbeitsleistung, 47 Prozent die Arbeitszeit und 38 Prozent die Qualität der Arbeit, mit der sie gerade beschäftigt sind. 78 Prozent der Betroffenen fühlen sich ihrem Unternehmen weniger verbunden, und 12 Prozent sehen als Ausweg nur die Kündigung. »Es reicht schon ein einziger leitender Angestellter, der notorisch unhöflich ist, der ein Unternehmen Millionen kosten kann«, so die Professorinnen. Also bitte merken: Wer sparen will, muss freundlich sein!

Hauptsache nett

Das Vorstellungsgespräch für einen Job erzeugt bange Fragen. Wie wirke ich? Wie sympathisch bin ich? Die beste Methode, um im Beruf menschlich an die Spitze zu kommen, ist einfach: loben und nett sein. Amerikanische Forscher werteten die Vorstellungstermine von mehr als 100 Studenten aus, und aus dem Ergebnis ging hervor, dass Qualifikation und Arbeitserfahrung allein noch keine Anstellung garantieren. Sympathisch wahrgenommen wird, wer über seine Kollegen hauptsächlich positiv spricht. Und auch wer beim Bewerbungsgespräch das Unternehmen lobt, ein wenig über Themen plaudert, die das Gegenüber interessieren, zwischendurch freundlich lächelt, hat eine höhere Chance, den gewünschten Job zu bekommen. Im Privatbereich klappt diese Methode nicht unbedingt. Wer mit besonderer Herzlichkeit eine neue Bekanntschaft positiv zu beeinflussen sucht, sollte nicht zu dick auftragen. Versuche haben gezeigt, dass man sich stärker zu den Menschen hingezogen fühlt, die am Anfang eher zurückhaltend sind. Vielleicht ist es der sportliche Ehrgeiz, Menschen, die sich spröde geben, unbedingt für sich gewinnen zu wollen?

Auswahlkriterium Aussehen

In einem weiteren Experiment ging es beim Auswahlverfahren um den Zusammenhang zwischen dem Aussehen der Personalchefs und dem der Bewerber. Von den Chefs waren einige attraktiv, andere weniger. Genauso wie die Bewerber, die in puncto Qualifikation jedoch alle gleich gut geeignet waren. Die weniger gut aussehenden Chefs bevorzugten unter den Bewerbern die hübschen Frauen oder die hässlichen Männer. Den gut aussehenden Chefs hingegen war das Aussehen der Bewerber egal. Den weiblichen Chefs, hübsch oder nicht, waren ebenfalls gut aussehende Kandidaten lieber – aber natürlich nicht die Frauen. Wer setzt sich schon gern eine Konkurrentin ins Nachbarbüro, die zur Gefahr für den eigenen Sozialstatus werden kann? Der Vorschlag einer amerikanischen Sozialforscherin: Es sollte Standard werden, einfach auf das obligatorische Bewerbungsfoto zu verzichten – so wie in den USA. So würde vielleicht auch endlich auf das geachtet, worum es bei der Jobsuche eigentlich geht: um Qualifikation, Erfahrung und soziale Kompetenz.

Weißer Mann, guter Mann?

Manchmal könnte man an der Menschheit verzweifeln. Der Siegeszug des weißen Mannes ist immer noch nicht ganz durchbrochen, zumindest nicht im Verkaufsleben. Eine im amerikanischen *Academy of Management Jour-*

nal veröffentlichte Studie fand heraus, dass Kunden in einem Buchladen dem weißen Verkäufer noch vor Frauen oder Minoritäten die beste Bewertung in puncto Kundenzufriedenheit gaben. Auch wenn immer gleich gut bedient wurde! In dem Test sahen 86 Studenten – darunter Frauen und Männer verschiedener Nationalitäten – jeweils drei Videoclips von einem Verkaufsgespräch. Jeder Clip war gleich gefilmt, der Dialog war derselbe. Nur der Verkäufer war jeweils eine Frau, ein Weißer und ein Schwarzer. Aber es war nichts zu machen. Die Studenten bewerteten den weißen Mann als am überzeugendsten. Ein anderer Test mit 12 000 Patienten, die ihre Ärzte bewerten sollten, war ebenso irritierend. Auch hier gewann der weiße Mann im weißen Kittel. Eine Nachfrage vom Doktor per E-Mail nach dem werten Befinden verstärkte die positive Beurteilung sogar. Aber nur, wenn er ein Weißer war.

Kapital-Sexisten

Er strahlt Vertrauen aus, der nette, jovial wirkende Herr mit sauber gestutztem Vollbart – bei dem ist das Geld bestimmt gut aufgehoben. Dabei sieht das weibliche Gegenstück auch seriös aus mit der Perlenkette und dem Haarhelm à la Merkel. Trotzdem: Eine Untersuchung aus den USA zeigt, dass bei Entscheidungen von Anlegern das Geschlecht des Unternehmers eine wichtige Rolle spielt. Der durchschnittliche Investor ist demnach ein Sexist. Für ein Experiment erfanden die amerikanischen

Wirtschaftswissenschaftlerinnen Judi McLean Parks und Lydia Bigelow eine neue Aktiengesellschaft, die angeblich auf der Suche nach Geldgebern war, und ließen zwei Versionen des Prospekts drucken, in denen jeweils der beschriebene Mann oder die Frau abgebildet waren. Die Prospekte wurden an zwei Gruppen verteilt, die gefragt wurden, wie viel Geld sie in diese Firma stecken würden. In das Unternehmen mit dem Mann an der Spitze wollten die Befragten im Schnitt dreimal so viel Geld investieren wie in das Unternehmen mit weiblicher Chefin. Auch ein höheres Gehalt fanden die Befragten für den männlichen Chef angebracht. Frauen torpedieren sich scheinbar immer noch selbst, denn sie verhielten sich keineswegs komplett anders. Auch sie hielten die Firma, die von einem Mann geleitet wurde, für ökonomisch profitabler – wenngleich auch in geringerem Ausmaß als die männlichen Teilnehmer der Studie.

Work, work, work!

Ein freier Tag? Der Horror! Jeder kennt Workaholics, das sind die menschlichen Ameisen, die wie im Rausch rund um die Uhr unter Arbeitsstress stehen und alle um sich herum damit verrückt machen. Aber Arbeitssucht hat nichts mit Ambition oder Fleiß zu tun, sondern ist eine Droge, von der besonders viele Menschen in Japan, den USA und Deutschland abhängig sind. Zu diesem Schluss kommt der Diplom-Psychologe Stefan Poppelreuter, der etliche Bücher über dieses Phänomen geschrieben hat.

Laut Poppelreuter werden etwa 13 Prozent der berufstätigen Bevölkerung als »Burn-out«-gefährdet eingeschätzt. Unter Arbeitssucht leiden Männer und Frauen gleichermaßen, genauso wie Rentner, Hausfrauen, Hip-Hop-Musiker und Tierpfleger. Gefährdet sind besonders Selbstständige und Angehörige helfender Berufsgruppen, die sich scheinbar nicht von der Arbeit trennen können. Das Resultat sind Schlafstörungen, Schweißausbrüche und Depressionen.

Den Alten sei Dank!

Wer jung und schlau ist, denkt lieber an die Alten, bevor er sich windige und modische Berufe ohne Zukunft aussucht, denn die Pflegebranche boomt wie noch nie. Sie beschäftigt mit 1,12 Millionen Mitarbeitern sogar mehr Menschen als die Autoindustrie. Eine Studie des WifOR-Instituts der TU Darmstadt berichtete, dass die Zahl der Beschäftigten in der Branche zwischen 1996 und 2008 um 50 Prozent gestiegen sei. Das heißt, dass hauptsächlich wegen der Alten, die ja gern als »Problem« hingestellt werden, sechs Mal mehr Menschen eingestellt werden als in der Gesamtwirtschaft.

So tun, als ob

Ein Mann im tadellosen Anzug samt Aktentasche sitzt bei Starbucks und ist mit seinem Smartphone beschäftigt, die Frau mit der Perlenkette und dem Laptop macht ein bedeutsames Gesicht, während sie eifrig tippt. Es könnte aber auch sein, dass die beiden gar keinen Job haben und nur so tun, als ob. Und das ist eine gute Idee. In wirtschaftlich schwierigen Zeiten, in denen zahlreiche Menschen ihre Arbeitsplätze verlieren und aus gewohnten Verhältnissen »herausfallen«, ist es für die Psyche und das Selbstwertgefühl sehr wichtig und wohltuend, eine Alltagsroutine beizubehalten, und zwar auch dann, wenn sie nur gespielt ist. Wer das als Selbstbetrug erachtet, dem würden amerikanische Psychologen heftig widersprechen. Feste Gewohnheiten, die eine Art Rahmen für ein positives Selbstbild sind, in schweren Zeiten nicht sausen zu lassen, hilft auch, seinen Stolz zu bewahren.

Das positive Selbstbild, das unbedingt erhalten werden muss – vielleicht kein schlechtes Ende für dieses Buch. Ein hoffnungsfrohes Wort, das natürlich nicht das letzte sein wird, denn das werden unsere Forscher, Wissenschaftler, Fragensteller, Alleswisser, Tester und Psychologen sicher zu verhindern wissen. Und so forschen sie – und wir – weiter, nach Glück, nach Liebe, nach Gerechtigkeit und guten Angewohnheiten, nach mehr Sex und weniger Stress, nach Robotern, die den Haushalt erledigen, und Hühnern, die goldene Eier legen. Und nach verrückt klingenden und doch logischen Erklärungen für das rätselhafte Wesen Mensch – und Tier.

Wenn Kühe zu viele Karotten essen, wird die Milch rosa

Unnützes und sehr nützliches Wissen von NEON

978-3-453-60102-4

NEON
Unnützes Wissen
1374 skurrile Fakten, die man nie mehr vergisst
978-3-453-60102-4

NEON
200 Tricks für ein besseres Leben
Lachanfälle unterdrücken – Unpeinliche Gedichte schreiben – Rechnungen hinauszögern – Lästige Telefonate umgehen – Sexpannen vermeiden – Mit dieser Buchecke eine Bierflasche öffnen
978-3-453-60136-9

Michael Ebert / Timm Klotzek
Planen oder treiben lassen?
Wie man merkt, ob man sich zu viel oder zu wenig Gedanken über sein Leben macht
978-3-453-15873-3

Leseproben unter: **www.heyne.de**

»Entschuldigung, sind Sie die Wurst?«

Deutschland im O-Ton

»Zufällig aufgeschnappte Dialogfetzen sind nicht selten besser als jede professionelle Comedian-Pointe.« *Bayern2 Zündfunk*

»Ein Sammelbecken für bizarre oder peinliche Gespräche, aufgeschnappt in Zügen, Cafés oder auf der Straße, aufgeschrieben für den Rest der Republik.« *Zeit Campus*

Felix Anschütz /
Nico Degenkolb /
Krischan Dietmaier /
Thomas Neumann
**»Entschuldigung,
sind Sie die Wurst?«**
*Deutschland im O-Ton –
Das Beste von belauscht.de*
978-3-453-60119-2

»Eine Riesenentdeckung!«
*Jürgen von der Lippe in
»Was liest du?« (WDR)*

978-3-453-60119-2

Leseprobe unter: **www.heyne.de**

Unterhaltsam, witzig und lehrreich

Edutainment bei Heyne

978-3-453-68534-5

Claudia Hunt
What's for tea?
*Englisch, wie es nicht
im Schulbuch steht*
978-3-453-68534-5

Rainer Schmitz
**Was geschah mit
Schillers Schädel?**
*Alles, was Sie über
Literatur nicht wissen*
978-3-453-60080-5

Marc Bielefeld
We spe@k Deutsch
*... aber verstehen nur Bahnhof –
Unterwegs im Dschungel
unserer Sprache*
978-3-453-60085-0

Harry Mount
Latin Lover
Latein lieben lernen!
978-3-453-60093-5

Tony Perrottet
*Das Ei des Napoleon und andere
historische Sensationen, die
unsere Geschichtslehrer uns
verschwiegen haben*
978-3-453-62031-5

Sven Siedenberg
**Besserwisser beim
Kaffeeklatsching**
*Deutsche Wörter im
Ausland – ein Lexikon*
978-3-453-60100-0

Leseproben unter: **www.heyne.de**